AF403918

COURS ÉLÉMENTAIRE

D'HISTOIRE NATURELLE

PARIS. — TYPOGRAPHIE TOLMER ET ISIDOR JOSEPH,
rue du Four-Saint-Germain, 43.

COURS ÉLÉMENTAIRE

D'HISTOIRE NATURELLE

contenant les matières indiquées par les programmes officiels
du 23 juillet 1874

POUR L'ENSEIGNEMENT DE L'HISTOIRE NATURELLE

DANS LES CLASSES DE LETTRES

PAR

PAUL GERVAIS

Membre de l'Institut
Professeur au Muséum d'histoire naturelle de Paris

TROISIÈME PARTIE

GÉOLOGIE

ILLUSTRÉE DE 135 GRAVURES INTERCALÉES DANS LE TEXTE

PARIS

LIBRAIRIE HACHETTE ET Cie

79, BOULEVARD SAINT-GERMAIN, 79

1877

CLASSE DE PHILOSOPHIE

Géologie

Constitution générale de notre globe. — Phénomènes géologiques de l'époque actuelle. — Torrents; fleuves; lacs; mers; sédiments; phénomènes de transport; glaciers. — Rôle de l'atmosphère dans la désagrégation des roches; terre végétale. — Chaleur centrale; tremblements de terre; soulèvements et abaissements; phénomènes volcaniques; sources thermales; eaux minérales; puits artésiens.

Phénomènes géologiques anciens.

Disposition des roches qui forment la croûte solide du globe. — Roches ignées. — Roches sédimentaires ou stratifiées. — Fossiles végétaux ou animaux; notions générales sur leur ordre de succession. — Filons. — Phénomènes de soulèvement. — Formation des chaînes de montagnes.

Notions sommaires sur les terrains de sédiments anciens ou primaires; sur les terrains moyens ou secondaires; sur les terrains supérieurs ou tertiaires et quaternaires.

ÉLÉMENTS

D'HISTOIRE NATURELLE.

—

GÉOLOGIE.

—

NOTIONS PRÉLIMINAIRES.

Constitution générale du globe. — La terre est une planète, c'est-à-dire l'un de ces astres qui gravitent autour du soleil en décrivant un orbite elliptique. Elle est située entre Vénus et Mars, et sépare ainsi les planètes en deux groupes, celles dites inférieures, comme Mercure et Vénus, qui sont placées plus près du soleil qu'elle ne l'est elle-même, et celles, comprises sous la dénomination commune de planètes supérieures, qui en sont au contraire plus éloignées, comme c'est le cas pour Mars, Jupiter, Saturne, Uranus et Neptune, et aussi pour les nombreuses planètes appelées télescopiques à cause de leur petitesse, qui ont été découvertes dans ces derniers temps entre Mars et Jupiter.

Elle constitue une masse de forme sphéroïdale, renflée vers l'Équateur et aplatie aux pôles. Son diamètre équatorial est de 12 754 863 mètres, et son axe, c'est-à-dire son diamètre d'un pôle à l'autre, de 12 712 251 mètres ; sa circonférence égale 40 000 000 de mètres, et sa surface a environ 500 000 000 de kilomètres carrés.

La terre est distante du soleil de 150 000 000 de kilomètres ; elle accomplit sa révolution annuelle en 365 jours 48 minutes et 51 secondes, en effectuant sa marche d'occident en orient, ce qui constitue l'année sidérale ou année tropique.

Elle tourne sur elle-même en un peu moins de 24

heures[1]; ce deuxième mouvement a également lieu d'occident en orient; il produit sa révolution diurne, de laquelle résulte le mouvement que le soleil, ainsi que les autres astres, semblent journellement exécuter dans le ciel. C'est ce mouvement apparent qui avait fait croire aux anciens que la terre reste immobile au centre de l'univers et que ce sont les autres corps célestes qui tournent chaque jour autour d'elle.

La lune est le satellite unique de la terre; elle en est éloignée de 340 000 kilomètres et a un volume quarante-neuf fois moindre que le sien.

Le sphéroïde terrestre se compose d'une écorce solide enveloppant une masse incandescente et pâteuse. Cette écorce, dont les deux tiers sont couverts d'eau, est elle-même entourée par une couche gazeuse qui constitue l'atmosphère.

Atmosphère. — Elle est formée par l'air, dans la composition duquel entrent de l'oxygène et de l'azote dans la proportion de $\frac{21}{100}$ du premier de ces gaz et $\frac{79}{100}$ du second. L'atmosphère renferme aussi une quantité variable de vapeur d'eau susceptible de se résoudre en brouillards, en pluie, en neige, etc.; de l'acide carbonique, dans la faible proportion de $\frac{4}{10000}$ environ, ainsi que d'autres substances, qui y sont également en très-petite quantité, eu égard à sa masse totale. Les unes sont de nature inorganique, comme l'iode, les vapeurs sulfureuses, l'acide chlorhydrique des volcans, etc.; les autres organiques et constituées par des germes microscopiques de l'action desquels résulte la fermentation et la putréfaction des matières d'origine animale ou végétale.

L'atmosphère est agitée par des mouvements divers; elle est le siége de phénomènes électriques qui peuvent acquérir accidentellement une grande intensité, et sa température est susceptible de modifications considérables, suivant l'élévation des lieux, la direction des courants aériens et marins ou les saisons. La température a d'ailleurs varié pendant les anciens temps géologiques, alors qu'elle était encore influencée par celle de la masse centrale restée incandescente, et l'on admet que l'atmosphère était alors chargée d'une plus grande quantité de vapeur d'eau et qu'elle contenait davantage d'acide carbonique.

On est d'ailleurs fondé à admettre que cette immense couche d'air enveloppant la croûte terrestre a une épaisseur

1. 23 heures 56 minutes et 4 secondes.

qui dépasse sensiblement 80 kilomètres. Elle se raréfie à mesure que l'on s'éloigne de la surface, ce qui rend les ascensions aérostatiques d'autant plus périlleuses qu'on s'élève davantage et qu'on le fait avec plus de rapidité. 7 ou 8000 mètres paraissent, dans ce cas, être une hauteur qu'on ne dépasse pas impunément et à laquelle on n'arrive même pas sans courir le danger d'être asphyxié par la raréfaction de l'air et par le manque de pression.

Surface solide du globe. — La surface solide du globe

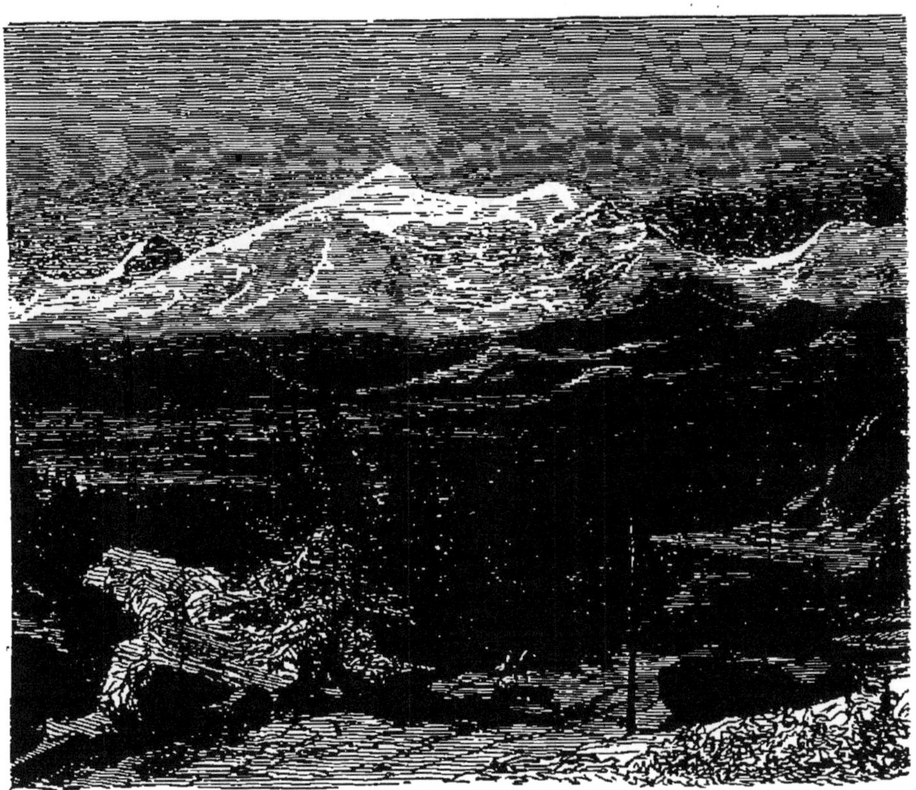

FIG. 1. — Le Mont-Blanc.

ne présente pas un aspect uniforme. Indépendamment de la masse d'eau qui la recouvre en grande partie, elle montre suivant les localités des variations considérables dans la composition de ses matériaux solides et dans son mode de conformation. Elle n'est pas non plus d'une égale élévation sur ses différents points, et, si certaines parties sont excavées pour recevoir les eaux, d'autres sont exhaussées et s'élèvent à des hauteurs plus ou moins grandes au-dessus de l'océan. La somme totale de ces différences par rapport au niveau de la mer elle-même, et dont les unes sont inférieures à ce dernier, tandis que les autres lui sont supérieures, peut atteindre 18 à 20 000 mètres. Les plus fortes saillies du globe comparées au niveau de l'océan constituent les montagnes, les collines, etc.; ses excavations sont les bassins des mers, ceux des lacs, etc. Il existe des monta-

FIG. 2. — Le Chimborazo (Péron).

gnes et des collines sous la mer comme il s'en trouve à la surface des continents ou des îles.

La hauteur des plus grandes montagnes au-dessus de l'océan est :

En Europe : pour les Alpes, 4815 mètres (Mont-Blanc); pour les Pyrénées, 3404 mètres (Maladetta).

En Asie : pour les Himalaya, 8840 (Mont-Everset, dans le Népaul).

En Afrique · 6096 mètres (Kilimanjaro, Afrique équatoriale).

En Océanie, 4838 (Moona-Roa, volcan de l'île Ordhyee, une des Sandwich).

En Amérique : 6834 mètres (Aconcaga, au Chili); 6812

FIG. 3. — Cascade de Gavarnie.

(volcan de Sahama, au Pérou); 6530 mètres (Chimborazo, dans la République de l'Équateur).

On estime que, par endroits, la profondeur de la mer dépasse 9000 mètres, comme, par exemple, dans certaines parties de l'océan Atlantique. Des courants sont établis dans les eaux de la mer aussi bien que dans l'air atmosphérique. Les courants aériens sont généralement déterminés par les conditions de température, et les courants marins, tout en étant soumis aux mêmes causes, dépendent surtout des mouvements de l'atmosphère.

Eau. — L'eau est une combinaison d'oxygène et d'hydrogène fort répandue sur le globe, puisque les mers recouvrent à elles seules plus de la moitié de sa surface, et que leur masse totale, si elle était régulièrement étendue, formerait une couche dont l'épaisseur ne serait pas moindre de 200 mètres. L'eau est habituellement liquide, mais sur le sommet des plus hautes montagnes et vers les pôles, ainsi que dans beaucoup d'autres lieux, lorsque la température s'abaisse, elle est solide et constitue la glace. Elle peut alors être comparée à une véritable roche. L'eau existe aussi soit à l'état de vapeurs invisibles, soit simplement suspendue dans l'air lui-même sous forme de brouillards ; elle tombe sous celle de pluie et de neige, lorsqu'elle se condense par suite des changements de température de l'air ou par d'autres causes encore. Dans son état liquide, l'eau doit renfermer une certaine quantité d'air, pour pouvoir servir à la respiration des êtres organisés qui l'habitent et peuplent les marais, les fleuves ou les mers; la présence d'une certaine quantité d'humidité dans l'air atmosphérique n'est pas moins utile à l'entretien de la vie des animaux et des plantes dont le genre de vie est aérien.

Masse centrale incandescente. — Primitivement confondue avec les autres planètes et leurs satellites dans une même masse avec le soleil, et alors incandescente comme le reste de cette masse cahotique, la terre s'est séparée de la nébuleuse dont elle faisait alors partie, et elle n'a conservé que pendant un certain temps l'état fluide sous lequel elle se trouvait d'abord. La forme sphéroïdale sous laquelle elle s'est peu à peu refroidie rappelle sa fluidité primitive. Mais les matériaux de sa surface se sont successivement solidifiés par suite du refroidissement qu'elle a éprouvé dans l'espace, et il en est résulté la formation de l'espèce de croûte ou enveloppe dont le reste de la planète, conservant encore son état de fluidité, s'est trouvé recouvert. D'abord mince et fragile, la croûte terrestre s'est lentement épaissie. Ce phénomène s'est opéré par l'addition de nouveaux matériaux solidifiés à sa face interne ou versés au dehors à travers les fêlures qui s'y produisaient, ce qui a rendu ces sortes de brisures ou de gerçures de plus en plus rares et à en partie soustrait la portion habitable de la

surface terrestre à l'action de la masse intérieure, en ne
lui laissant plus d'autre source principale de chaleur que
l'action même du soleil. Alors les eaux ont pu se conden-
ser partiellement et des êtres vivants ont apparu, les uns
dans la couche liquide dont elle a été par endroits recouverte,
les autres sur les parties exondées; mais on admet généralement que les végétaux ont dû précéder les animaux et
que les premiers êtres vivants ont été aquatiques. En même
temps des couches sédimentaires déposées par les eaux,

FIG. 4. — Glissement de terrain à Casalnovo (Calabre), le 5 février 1783.

qui en empruntaient principalement les matériaux aux masses
d'origine ignée, se sont déposées dans les différents bassins, et cet état de choses se continue encore de nos jours.
Les volcans sont comme des soupapes de sûreté dont l'objet
est de compenser la poussée des matières liquides constituant la masse intérieure et d'empêcher par là que des ruptures considérables ne se produisent de nouveau dans l'é-
corce qui l'enveloppe. De leur côté, les tremblements de
terre doivent être regardés comme des oscillations partielles

de l'écorce dont nous parlons, dues à ces poussées de la masse liquide intérieure ou aux rétractions qui s'y opèrent.

FIG. 5. — Vallée par soulèvement.

On estime en effet que cette épaisseur ne dépasse pas en moyenne 40 kilomètres.

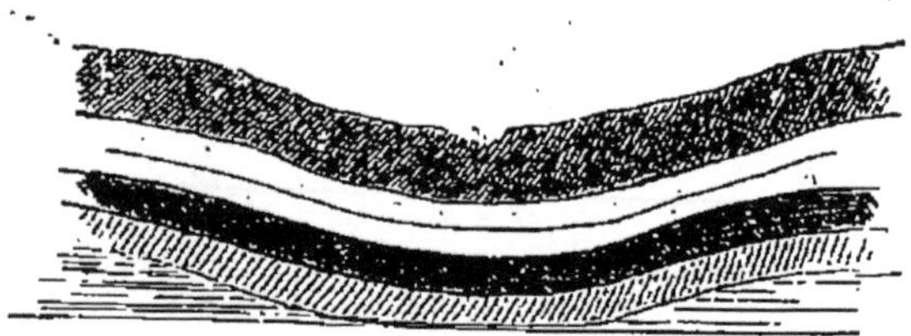

FIG. 6. — Vallée par affaissement.

Roches. — Les matériaux dont est formée l'écorce du globe sont de même nature chimique que ceux qui constituent sa masse intérieure; mais ils sont à l'état solide, au lieu d'être restés fluides et incandescents, et ils ont pu subir diverses modifications lorsqu'ils ont été soumis à l'action de l'air ou des eaux. Ceux qui ont cette origine forment principalement les minéraux, qui se présentent souvent à nous sous une forme cristalline. En outre, une partie de l'écorce terrestre a été déposée par l'intermédiaire des eaux qui en ont arraché les matériaux, par le lavage ou autrement, aux roches d'origine ignée, et les ont ensuite abandonnés en ensevelissant dans leur masse les restes des êtres organisés morts pendant que ces dépôts s'opéraient. De là deux ordres bien distincts de matériaux solides.

1° Ceux qui, ayant une origine ignée, ont en grande partie conservé la forme cristalline que leur a donnée le refroidissement lent auquel ils ont été soumis; ils ne constituent pas des bancs réguliers, mais sont dus à la solidification de la partie superficielle de la masse incandescente ou à des déjections de cette masse. Le nom de *roches plutoniques*, par lequel on les désigne, fait allusion à cette origine ; on les appelle aussi roches ignées, ce qui a le même sens, ou roches cristallines, pour rappeler l'état régulier et la forme fréquemment géométrique des matériaux dont ils sont formés. On tire des roches plutoniques ou cristallines une grande partie des substances minérales employées dans l'industrie (fer, plomb, cuivre, etc.) ; leur étude fait plus spécialement l'objet de la minéralogie.

2° Ceux qui ont été déposés sous les eaux, que celles-ci les aient arrachés aux roches antérieures ou aux dépôts d'origine plutonique ou qu'ils proviennent des ossements, des coquilles, des polypiers, des bois, des feuilles, des

Fig. 7. — Basaltes constituant la grotte dite de Fingale (Îles Hébrides).

graines et autres parties solides abandonnées par les animaux et les végétaux au moment de leur mort. Lorsque ces matériaux de l'écorce du globe se sont formés, ils se sont déposés en couches régulières et ils reçoivent à cause de leur origine aqueuse la dénomination de *roches neptuniennes* ; on les appelle aussi roches sédimentaires, parce qu'ils constituent des dépôts dus aux sédiments des eaux, ou roches stratifiées, parce que leur dépôt a eu lieu par couches ou strates superposées les unes aux autres, comme autant de feuillets successifs.

Quelques-uns des plus anciens ont subi l'action du feu central et perdu leur apparence sédimentaire pour se rapprocher de la structure des couches d'origine ignée, c'est-à-dire cristallines; on dit qu'ils ont été métamorphisés, ce qui fait allusion à la transformation qu'ils ont subie.

Le voisinage des volcans peut produire des effets ana-

Fig. 8. — Troncs de sigillaires encore en place dans la houille (Mine du Treuil, près Saint-Étienne).

logues, mais qui sont bien plus circonscrits et par suite, bien moins profonds.

Certaines roches de sédiment ont perdu, par suite des oscillations du sol, la position horizontale qu'elles occupaient au moment où elles se sont déposées, et il en est

FIG. 9. — Fougère fossile dans le terrain houiller.

un grand nombre qui ont été recouvertes par des épan-

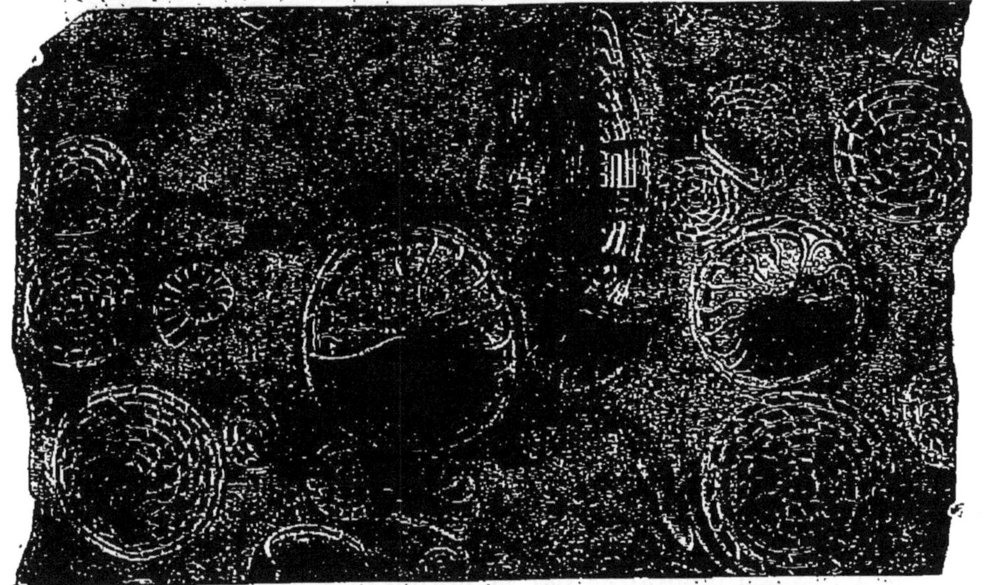

FIG. 10. — Terrain calcaire en partie formé de nummulites.

chements volcaniques ou d'autres déversements, à leur

surface, de matériaux ignés émanant de la masse centrale incandescente.

Il est également arrivé à certaines roches de nature sédimentaire d'avoir été traversées dans le sens vertical par des veines minérales liquides qui se sont ensuite condensées; c'est ce que l'on appelle des filons.

Les éboulements (fig. 11 et 12) jouent aussi un rôle important dans les changements qui se produisent à la sur-

FIG. 11. — La vallée de Goldau, avant l'éboulement de 1806.

face du sol, et il en est de même des glissements de terrain qui ont parfois lieu sur une grande échelle (fig. 4).

Les géologues trouvent dans l'analyse de ces différents phénomènes et dans l'étude des fossiles que les roches sédimentaires ont conservés des données qui leur permettent de refaire en partie l'histoire du globe terrestre, et de comprendre comment son enveloppe solide s'est elle-même formée, ce qui les conduit à établir l'ordre de succession des couches sédimentaires par la notion de leur ancienneté relative, et à apprécier également l'âge des éruptions produites par la masse centrale, en tenant compte de la place qu'elles occupent relativement aux couches sédimentaires. Les changements survenus dans le redressement ou l'affaissement d'une partie de ces dernières (fig. 5 et 6), les interruptions (fig. 14 à 16) et les discordances de stratification (fig. 13), de même aussi le degré d'inclinaison des strates ainsi dérangées de leur position primitive, laquelle a été généralement horizontale, puisque c'est sous l'eau que s'en est effectué le dépôt, fournissent à

FIG. 12. — La vallée de Goldau après l'éboulement.

la chronologie géologique des indications précieuses, qui sont en grande partie complétées par l'examen des débris laissés dans chacune des couches sédimentaires par les êtres organisés qui ont vécu pendant qu'elles se déposaient.

Il y a en effet un ordre régulier dans les changements survenus parmi les animaux et les végétaux de toutes sortes qui ont peuplé le globe depuis que la vie y a été rendue possible, et la science a également triomphé en partie des problèmes difficiles qui se rattachent à la succession des corps organisés aussi bien sur le sol exondé que dans les eaux.

Importance de ces changements. — Les modifications que la formation de nouvelles roches, soit éruptives, soit sédimentaires, a accomplies à la surface du globe, sont

FIG. 13. — Stratification discordante.

plus considérables qu'on ne le croirait d'abord, et ce n'est qu'en traversant des phases très-diverses, qu'on pourrait appeler les époques ou les âges successifs de notre planète, que la terre est arrivée à l'état qui la caractérise actuellement.

Ces phénomènes curieux de sa longue évolution ne sont

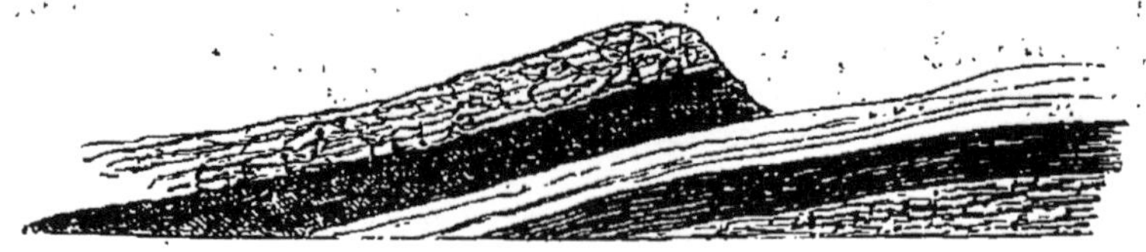

FIG. 14. — Vallée par simple érosion.

point encore arrivés à leur terme définitif, mais ceux qui se sont produits ont pu être reconnus et appréciés sur un grand nombre de points : aussi la science a-t-elle abandonné l'ancienne théorie qui attribuait à la terre une sorte d'immutabilité et cherchait à établir que notre planète avait toujours eu l'apparence que nous lui voyons actuellement.

De nouvelles roches se forment autour des volcans, par
les déjections de ces foyers incandescents, comme, sur
les autres points du globe, il s'en dépose aussi soit à
la surface des continents et des îles, soit sous les eaux de
la mer, dans les lacs, dans les marécages, etc., tandis
qu'ailleurs d'autres dépôts, les uns de nature cristalline, les autres sédimentaires, sont attaqués par les eaux,
qui en charrient les matériaux autre part, ou sont entamés
par des causes encore différentes de celles-là.

Si le sol est recouvert par endroits de roches ou d'autres
substances pierreuses rebelles à la culture, que les érosions
dont il a été le siége ont mises à nu, il s'améliore et s'é-
tend sur d'autres points, grâce aux alluvions, aux dépôts

FIG. 15. — Stratification concordante *.

de terre végétale et à l'accumulation de sédiments qui le
rendent plus fertile.

Dans certains cas, l'homme modifie volontairement cet
état de choses.

En creusant des mines, il pénètre dans l'écorce terrestre pour aller y chercher la houille, combustible indispensable aux industries modernes, ou les métaux qui sont la
matière première de ces industries. Le forage des puits,
plus particulièrement celui des puits artésiens, lui permet
de fournir de l'eau aux endroits qui n'en possédaient pas en
quantité suffisante; il creuse les montagnes pour y établir
des voies de communications souterraines ou les partage
dans le même but; il établit aussi des tunnels sous les eaux;
il fait communiquer des mers séparées jadis, comme nous
le voyons par le percement de l'isthme de Suez; il use au
profit de sa santé des eaux thermales et des eaux minérales; utilise comme force motrice les chutes naturelles et
les courants; accroît en cultivant le sol le nombre de ses
produits agricoles, et rend les lieux qu'il habite plus sains
en desséchant des marais d'où émanaient des miasmes
capables d'occasionner des maladies souvent mortelles

* Interrompue par le creusement d'une vallée.

Ces remarques, si incomplètes qu'elles soient, nous montrent l'intérêt que nous avons à étudier avec soin les faits géologiques, et nous ne tarderons pas à reconnaître que les *causes actuelles* auxquelles sont dus beaucoup des phénomènes qui viennent d'être rappelés peuvent nous en rendre un compte exact, ce qui éclaire d'une vive lumière la notion des *faits géologiques anciens*. En effet, ces derniers ont souvent été semblables à ceux qui se passent encore sous nos yeux, et dans l'un et l'autre cas les causes mises en jeu sont pour ainsi dire les mêmes. Aussi commence-t-on l'étude de la géologie par l'examen des phénomènes récents ou contemporains. En les envisageant dans leurs principaux détails et dans les causes dont ils sont les effets, nous serons mieux préparés à comprendre non-seulement l'état présent du globe terrestre et la loi des modifications qui s'y produisent encore, mais aussi les phases diverses qu'il a traversées avant de devenir ce qu'il est maintenant; celles-ci pourront être expliquées plus aisément, et les causes des changements que la terre a subis ou qu'elle subit encore chaque jour seront en même temps plus faciles à apprécier.

Les forces qui ont présidé à l'évolution des phénomènes géologiques anciens ne sont donc pas différentes dans leur essence de celles que nous voyons agir, et si, dans certains cas, elles ont eu à différentes époques une intensité plus grande, d'où sont résultées des modifications également plus profondes, il est possible de comparer un grand nombre des phénomènes géologiques remontant aux premiers temps à ceux qui continuent à s'accomplir et d'expliquer ces phénomènes les uns par les autres, malgré leur différence d'intensité.

Les causes sont restées les mêmes, que les faits constatés aient eu lieu à des époques reculées ou qu'ils relèvent de la période actuelle. Aussi l'hypothèse qui expliquait par des cataclysmes et des révolutions subites les grands phénomènes de la géologie n'a-t-elle plus de nos jours qu'un petit nombre de partisans; c'est la théorie de l'évolution lente et régulière qui doit lui être substituée dans la plupart des cas, car elle rend mieux compte de la manière dont les choses se sont passées et elle fait connaître plus exactement les lois qui ont présidé à l'évolution de notre planète, lois qui, pour la plupart, la régissent encore.

Ainsi les débris abandonnés par les êtres organisés depuis que la vie s'est manifestée sur le globe ont été à

toutes les époques enfouis au milieu des sédiments qui se
sont déposés, et les eaux ont recueilli ces débris qui
ont puissamment servi dans tous les temps à l'accroissement des roches en voie de formation. De même aussi des
soulèvements et des affaissements du sol ont eu lieu autrefois comme il s'en produit de nos jours, et la puissance
avec laquelle ils se sont manifestés a modifié d'une façon
considérable l'altitude des montagnes ainsi que la profondeur des mers. Le temps a surtout contribué à leur donner
la grande puissance qu'ils ont acquise dans la plupart
des cas.

Des éruptions de matières ignées qui n'ont pas tardé à
se solidifier se sont aussi accomplies à différentes reprises; les eaux en se déplaçant ont entraîné avec elles des
matériaux pour les déposer ailleurs, et les dénivellements
qu'elles ont produits ont acquis dans certains cas une telle
puissance, que nos plus gigantesques travaux de terras-
sement ne peuvent, dans la plupart des cas, nous en donner qu'une bien faible idée.

L'organisation des êtres vivants a, de son côté, subi une
incontestable évolution, et les espèces animales ou végétales,
au lieu de se perpétuer dans l'immutabilité des mêmes formes, ont produit avec le temps et par des causes qui, pour
la plupart, nous échappent encore, des êtres nouveaux, ce
qui est conforme à la loi du perfectionnement progressif.

Il en est résulté les flores et les faunes successives que
la terre et les eaux ont eues pour habitants aux divers âges
de la nature.

Définition de la géologie. — Telles sont les grandes
questions que la géologie aborde, questions aussi dignes
d'attirer l'intelligente attention de l'homme que capables
de servir par leur solution à l'accroissement de son bien-
être. Cette science est donc une partie importante de l'histoire naturelle. Son nom, tiré de deux mots grecs (Γη Γεο:,
qui signifie *terre*, et Λογος, *discours* ou *description*), rappelle
qu'elle a principalement pour objet l'étude du globe terrestre envisagé dans son état actuel et dans les changements dont il a été le théâtre; elle nous montre en outre
quel emploi nous pouvons faire des matériaux qui le constituent et des forces qui le régissent. La minéralogie est un
auxiliaire puissant de la géologie, qui rattache plus directement encore cette branche de la science à la chimie ainsi
qu'à la physique. En même temps, la paléontologie, en
l'éclairant au moyen des faits chronologiques tirés de

l'observation des êtres organisés qui se sont succédé à la surface de la terre, établit un lien entre elle et les deux branches de l'histoire naturelle auxquelles on donne les noms de zoologie et de botanique, ou plutôt elle n'est que l'application à la connaissance du globe terrestre des données recueillies par ces deux grandes divisions des sciences physiques.

PHÉNOMÈNES GÉOLOGIQUES DE L'ÉPOQUE ACTUELLE.

Eaux courantes. — Les pluies et la fonte des neiges versent sur le sol une quantité d'eau trop abondante pour être immédiatement absorbée, et que la nature imperméable de certains terrains empêche, d'autre part, dans beaucoup de cas, de s'infiltrer au milieu de ces terrains. Quand les eaux pluviales sont retenues par les couches sur lesquelles elles tombent et absorbées, elles en ressortent d'ailleurs en partie sur d'autres points, ce qui constitue les sources ordinaires. Versées sous forme d'averses dans les lieux élevés, elles descendent avec rapidité dans les vallons et de là dans les plaines en ravinant, chemin faisant, les pentes le long desquelles elles s'écoulent; elles forment alors ce qu'on nomme des *torrents*. Ces cours d'eau, aussi irréguliers dans leur apparition que variables dans les quantités de liquide qu'ils débitent, jouent dans les phénomènes de transport un rôle considérable. Ils arrachent aux montagnes dont ils suivent tumultueusement les pentes des matériaux solides qu'ils roulent avec eux dans les régions basses pour s'accumuler sur des points moins accidentés de leurs parcours. Les détritus des roches, qu'ils soient d'origine neptunienne ou plutonique, sont emportés en partie par les eaux courantes qui alimentent les ravins; ils sont en général broyés plus ou moins complétement par les chocs qu'ils subissent dans leur premier trajet, ou, dans d'autres cas, délités et retenus en suspension pendant un certain temps; ceux qui sont de nature siliceuse s'émoussent sur les angles par suite de leur contact les uns contre les autres. Ils arrivent ainsi fort loin du point où ils ont été arrachés pour s'y déposer, et on retrouve les plus ténus jusque dans les deltas qui se forment à l'embouchure des grands fleuves. Ces matériaux de transport, les uns roulés par les eaux et les autres suspendus pendant un certain temps par elles, se déposent, les premiers sous forme de blocs et de cailloux, d'un volume variable, mais que l'on reconnaît à ce qu'ils ont la forme de blocs ou de galets arrondis sur leurs angles; les autres sous l'apparence de sables, ou, s'ils sont plus fins encore et plus facilement transportables, sous la forme de limons, qui peuvent ne s'arrêter qu'à des distances considérables des points où ils ont été pris. Nous verrons plus loin que les neiges accumulées dans les glaciers ont joué et jouent encore un rôle analogue dans les phénomènes de transport et qu'elles déplacent aussi les éléments de certaines roches pour en constituer ailleurs de nouveaux dépôts. La plaine de la Crau, résultant d'une immense accumulation de cailloux roulés qui proviennent des Alpes, et la Camargue, ainsi que le reste du delta du Rhône, qui est formée de sédiments d'une grande ténuité, nous présentent en ce qui concerne la France un double exemple de ces sortes de formations dues à des matériaux déplacés par les grands courants que forment les eaux douces.

Bassins lacustres et marins. — Les marais, les lacs et plus habituellement encore les bassins des mers, reçoivent les eaux courantes dont nous venons de parler. Il peut arriver que certains lacs soient intermittents comme le sont eux-mêmes les cours d'eau qui les alimentent, et, dans le Sahara ainsi que dans d'autres contrées, on voit parfois ces derniers se perdre dans le sable, et les lacs restent plus ou moins complétement à sec pendant une partie de l'année. Au contraire, pendant la saison des pluies, leur bassin se trouve abondamment rempli. Les marais et les étangs peuvent aussi, de leur côté, être plus ou moins complétement dans ce cas.

Il y a des lacs d'une grande étendue et qui ont une profondeur considérable, par exemple, dans la région des Alpes et dans l'Amérique septentrionale; quelques-uns de ces derniers sont salés et simulent de petites mers intérieures comparables à la Caspienne. D'autres parties du monde en possèdent aussi qui pour être moins nombreux n'en sont pas moins dignes de l'intérêt de la science, et il en a existé de semblables à d'autres époques géologiques. C'est dans de semblables lacs que se sont déposés les gypses ou pierres à plâtre des environs de Paris et certaines assises les unes marneuses, les autres calcaires ou silico-calcaires ayant aussi leur utilité dans l'industrie. Tels sont la plupart des dépôts miocènes de l'Auvergne et ceux de beaucoup d'autres contrées.

Les mers sont de grandes cavités remplies d'eau chargée de chlorure de sodium ou sel ordinaire et de quelques autres principes salins. Elles occupent près des deux tiers de la surface du globe et acquièrent sur certains points une profondeur considérable. En effet, cette profondeur peut dépasser la hauteur des montagnes les plus élevées ; dans l'océan Atlantique, au sud de Terre-Neuve, on a constaté que le fond de la mer était à 8500 mètres au-dessous du niveau des eaux. Les sondages ont donné jusqu'à 10 ou 12000 mètres pour la profondeur maximum du Pacifique, mais déjà aux Antilles le fond ne dépasse plus 2200 mètres. Dans la Méditerranée il est de 1500 mètres environ au maximum, et dans la Baltique de 350 mètres seulement. La Manche

FIG. 16. — Lac d'Œschi, près de Kandersteg (Suisse).

n'a pas plus de 150 mètres, et le Pas-de-Calais ne dépasse pas une trentaine de mètres sur la ligne que suivrait le tunnel projeté pour relier l'Angleterre à la France.

On le voit, le fond de la mer présente des inégalités comparables à celui du sol exondé. Il y a des montagnes, des collines, des vallées, des plaines, des gouffres semblables aux abîmes, des excavations rappelant les cavernes, etc., et, suivant ces conditions diverses ou celles de l'élévation du sol immergé, la faune et la flore présentent des caractères très-différents. Les êtres organisés y sont en effet distribués par zones, et, quand on descend dans les grandes profondeurs,

on voit les végétaux cesser bien avant les animaux. Il y a
des êtres vivants qui ne quittent pas certains fonds et que
nous appellerions sédentaires, s'il ne s'agissait ici de la
masse liquide qui recouvre en grande partie le globe;
d'autres sont, au contraire, errants au milieu des eaux, et
par la facilité avec laquelle ils nagent ils rappellent les
oiseaux que nous voyons planer dans les airs. Certains animaux inférieurs du groupe des Forammifères, soit des
globigérines, soit d'autres encore, sont caractéristiques
des plus grandes profondeurs. La plupart des animaux
marins qui sont cantonnés dans ces profondeurs extrêmes
manquent d'organes de vision, particularité qui se retrouve
aussi chez les espèces propres aux eaux douces, vivant loin
de la surface dans les grands lacs, dans le lac de Genève,
par exemple, et ailleurs. C'est aussi le cas pour les animaux qui se tiennent dans les grandes excavations souterraines du sol des continents auxquelles on donne le nom de
cavernes ou de grottes. N'ayant pas l'occasion de percevoir
des sensations lumineuses, puisqu'ils vivent dans une
entière obscurité, ils manquent plus ou moins complète-
ment de l'organe visuel et leurs yeux sont nuls ou tout au
moins atrophiés dans leur développement.

Dans la grande caverne du Mammouth (États-Unis) et
dans les cavités souterraines de Cuba, on a trouvé des
écrevisses et même des poissons aveugles. Les grottes de
la Carniole et de la Carinthie, en Autriche, possèdent le protée, qui est un batracien dont les yeux sont rudimentaires
et privés de paupières. Beaucoup d'insectes propres aux
cavernes de l'Europe, de l'Amérique, etc., manquent également d'yeux, et nous voyons le spalax, mammifère souterrain de la Crimée, ne posséder, comme le protée, que des
yeux rudimentaires.

Les courants sous-marins comme ceux des eaux douces
ont une grande action sur la formation des terrains qui se
déposent dans le bassin des mers, et la marée ainsi que
les vagues poussées par les vents changent dans certaines
limites le contour des rivages en arrachant au sol dont ils sont
formés des matériaux de toutes sortes. Beaucoup d'îles ont
été autrefois réunies aux continents dont elles sont voisines. L'Angleterre est en particulier dans ce cas par rapport aux côtes françaises en face desquelles elle est située,
et, à l'époque tertiaire proprement dite, les couches formant
les falaises anglaises étaient réunies sans interruption
à celles de l'autre côté du détroit. Bien d'autres cas analo-

gues pourraient être cités dans les autres parties du monde;
on les reconnaît non-seulement à la similitude des roches,
mais encore à celle des animaux terrestres, qui sont en effet
les mêmes sur le continent et dans les îles dépendant de ce
dernier, ces îles ne s'en étant séparées que postérieurement à l'apparition de la faune quaternaire.

FIG. 17. — Grotte du Mammouth, dans le Kentucky (États-Unis).

Rôle de l'atmosphère. — Il n'est pas jusqu'à l'atmosphère qui n'ait, par les mouvements dont elle est le siége
et par les variations hygrométriques qui s'y succèdent, une
part considérable dans la destruction des roches anciennes
et, par suite, dans la formation des roches nouvelles. Les
masses minérales les plus dures subissent l'action de l'air
comme celle des eaux; les gelées successives auxquelles
les roches sont exposées contribuent de même à les entamer;
certaines d'entre elles sont même plus susceptibles que
d'autres sous ce rapport, et nous constaterons aussi la puis-

sance du vent, si nous observons avec quelle facilité il déplace les sables sur le littoral des mers et change l'aspect des dunes auxquelles ces sables donnent lieu. Des habitations peuvent ainsi disparaître en quelques heures, les rafales du vent accumulant du sable jusque sur leur toiture, comme ailleurs elles amoncèlent d'énormes quantités de neige. C'est surtout dans les déserts de l'Afrique que ces phénomènes acquièrent une grande intensité, et depuis l'époque des Pharaons ils ont fait disparaître des villes entières, transformant en lieux de désolation d'immenses surfaces de terrain que nous reconnaissons aux monuments qui se dressent encore sur le sol pour avoir été habitées par un des peuples les plus civilisés dont l'histoire

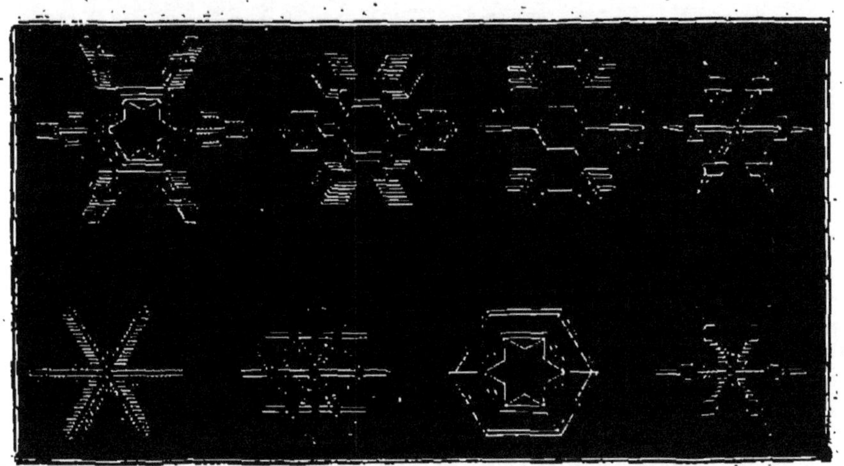

Fig. 18. — Cristaux de neige.

ait gardé le souvenir. Le vent peut porter très au loin les poussières qu'il soulève, lorsque ces poussières sont très-fines. Le sable qui s'est abattu le 7 février 1863 sur la partie orientale des îles Canaries provenait du Sahara, c'est-à-dire d'une distance d'au moins 320 kilomètres. Plus récemment, on a vu des cendres de l'incendie de Chicago (États-Unis) arriver aux Canaries quatre jours après le commencement de cette catastrophe.

Glaciers. — Ainsi qu'on l'a déjà vu, les eaux pluviales et celles qui proviennent de la fonte plus ou moins rapide des neiges s'écoulent par les torrents et les rivières, ou bien elles servent à imbiber le sol, ce qui permet aux végétaux de puiser dans ce dernier les matériaux de leur

alimentation; elles entretiennent aussi des courants souterrains et elles entretiennent les sources; mais les choses
ne se passent pas partout avec la même régularité, la fonte
des neiges ne s'opérant pas constamment avec la rapidité
qu'on lui connaît dans les plaines ou sur les simples monti-
cules de nos régions tempérées. Vers les pôles, l'eau tombe

Fig. 19. — Glacier avec moraines médianes de la Suisse (figure théorique).

pendant la plus grande partie de l'année sous la forme de
neige et elle y reste à l'état solide, de sorte que les deux
points opposés du globe terrestre sont recouverts d'une
épaisse couche de glace. Il en est de même sur les hautes
montagnes; les neiges y deviennent éternelles en se renou-
velant incessamment. Les banquises sont d'énormes blocs

congelés (fig. 21 et 22) qui se détachent des glaciers polaires et
viennent flotter dans l'Océan jusque sous des latitudes assez
rapprochées de la nôtre ; enfin on nomme champs de glace
(fig. 20) des portions de mer appartenant aussi aux régions
polaires dont la surface reste presque toujours solide.

A partir d'un niveau qui s'abaisse à mesure que l'on se
rapproche des pôles, une épaisse calotte de neige, dite
neiges éternelles, recouvre les cimes les plus élevées, ou,

FIG. 20. — Champs de glace, près de l'île Melville.

s'il s'agit des régions polaires, descend jusque sur les
bords de la mer et met en partie obstacle au développement de la vie ; mais le mouvement n'est pas entièrement
banni de ces solitudes glaciales. A mesure qu'ils s'accroissent par leurs sommets, au moyen de la chute de nouvelles neiges, les glaciers se fondent dans la partie par laquelle
ils reposent sur le sol ; les hauts névés se tassent alors et
remplacent les pertes que les chaleurs de l'été rendent plus
rapides ; des avalanches se forment, mais, sans dépasser par

sa partie frontale un certain point, la masse en congélation

Fig. 21. — Vaisseau pris dans les banquises.

s'avance peu à peu, car elle se fond par sa base. En pour-

Fig. 22. — Montagnes de glace de la baie de Baffin.

suivant sa marche, elle entraîne avec elle des débris de

roches souvent considérables dont elle use la surface par
le frottement et qu'elle strie finement en les faisant glisser
les uns contre les autres ou le long des parois de la gorge
qui lui livre passage. Elle les dépose enfin à sa limite de
fonte, et constitue ainsi les *moraines* par l'accumulation
de ces matériaux pierreux qu'elle charrie en glissant.

A une époque géologique peu éloignée de la nôtre, les
glaciers ont eu une extension plus considérable que celle
qu'ils ont aujourd'hui, et ils ont déposé à de plus grandes
distances encore les blocs pierreux qu'ils portaient avec
eux; il y en avait sur des points où la neige ne se con-

FIG. 23. — Moraine frontale du glacier de l'Ober-Aar (Suisse).

serve plus maintenant, et là ce sont les moraines qu'ils y
ont laissées qui permettent de constater leur ancienne existence. L'épaisseur des neiges dans les gorges où nous en
trouvons encore était alors plus considérable, et l'on reconnaît au caractère moutonné des roches qu'elles ont abandonnées l'action qu'elles ont autrefois exercée sur elles;
enfin des blocs de pierre considérables ont été portés par
les glaciers à de grandes distances des points entre lesquels ces glaciers sont maintenant circonscrits. Ces
blocs, arrachés à des montagnes parfois fort éloignées
des endroits où ils sont restés, ont bien été amenés là où
nous les trouvons maintenant par des glaciers qui les y
ont abandonnés en se fondant. On leur donne le nom de

blocs erratiques. Ils ont été souvent considérés comme
ayant été charriés par des glaces flottantes que les mers,
autrefois plus étendues, auraient amenées dans les lieux où
ils sont restés. Ces glaces flottantes auraient été semblables à

FIG. 24. — Glacier de la Maladetta (Pyrénées).

celles qui chaque année se détachent dans les régions polaires
pour se montrer jusque sous les latitudes tempérées ; mais
il ne paraît pas douteux que l'on doive attribuer de préférence aux glaciers le transport des blocs erratiques, et beaucoup de géologues admettent que l'étendue de ces masses

congelées a été telle pendant une partie de la période qui

FIG. 25. — Glacier du Bellsound, au Spitzberg.

a précédé la nôtre, qu'elles se sont étendues, en ce qui

FIG. 26. — Blocs transportés, dits tables de glacier.

regarde la vallée du Rhône, de Genève jusqu'à Lyon.

Les boues glaciaires sont, avec les moraines ou amas de débris striés provenant de localités plus ou moins distantes, et avec les blocs plus volumineux que les glaces ont également transportés, des effets des glaciers. Leur présence dans les lieux aujourd'hui privés de neiges éternelles permet d'établir que ces lieux ont autrefois possédé des glaciers. On en cite jusque dans la région pampéenne de l'Amérique méridionale, et il est probable qu'il s'en rencontrera sur beaucoup d'autres points du globe.

La fonte régulière des glaciers, qui éprouve un accroissement considérable pendant l'été, se joint aux pluies et à la fonte des neiges ordinaires pour donner naissance à des sources dont plusieurs sont l'origine de cours d'eau considérables.

C'est à l'époque de l'extension des glaciers que paraissent s'être éteintes la plupart des grandes espèces de mammifères propres à la faune quaternaire, dont nous parlerons lorsque nous traiterons de la succession des formations.

Sources. — Les sources ordinaires proviennent des eaux pluviales qui se sont infiltrées dans le sol, particulièrement à travers la terre végétale ou dans les sables, et en ressortent lorsque, après avoir été arrêtées dans leur marche descendante par quelque couche argileuse, elles sont épanchées au dehors au point d'affleurement de cette dernière. Celles qui servent aux usages ordinaires sont en particulier dans ce cas, mais elles tiennent en dissolution quelques principes salins empruntés aux terrains qu'elles ont traversés, principalement du carbonate ou du sulfate de chaux. Le carbonate de chaux y est d'abord à l'état acide, ce qui permet la dissolution d'une plus grande quantité de ce sel; mais arrivé à l'air il redevient neutre en perdant son excès d'acide, et il se dépose alors sous la forme de ces concrétions qui produisent les stalactites et les stalagmites dès cavernes, le remplissage des canaux de conduite, etc. Certaines fontaines, telles que celle de Saint-Alyre, à Clermont-Ferrand, sont célèbres sous ce rapport, et il en est de même pour les eaux incrustantes d'Hammam-Meskoutine, situées entre Guelma et Constantine, dont la température est de 95°. Une cascade incrustante également remarquable, celle de Pamboukalis, existe en Asie-Mineure. Telles sont encore les salses de Turbaco, dans la Nouvelle-Grenade. Les geysers sont aussi la cause de puissantes incrustations; ce sont des sources jaillissantes dont la température est fort élevée.

On nomme *sources thermales* celles qui possèdent une
température plus ou moins supérieure à la température
moyenne du lieu où elles s'épanchent au dehors (au moins
+ 25°), et *sources minérales* celles qui sont chargées de

FIG. 27. — Grotte avec stalactites et stalagmites.

principes particuliers, qu'on ne retrouve pas dans les autres
eaux ou qui ne s'y rencontrent qu'en faible quantité et pour
ainsi dire accidentellement.

Les eaux de la mer sont à tous égards de véritables eaux
minérales dont le caractère est d'être fort riches en chlo-

Fig. — Le grand Geyser d'Islande

rûre de sodium. Elles en comprennent en moyenne $\frac{34,4}{1000}$ de sels, dont $\frac{26}{1000}$, c'est-à-dire 26 grammes environ par kilo-

FIG. 29. — Cascade incrustante de Pamboukalis (Asie-Mineure).

gramme de sel marin. Leur poids spécifique moyen est de 1,028 à 1,029.

Eaux minérales et eaux thermales. — Dans certaines localités, ces eaux se déversent naturellement au dehors par suite de l'inclinaison des couches qu'elles traversent ou des coupures du sol qu'elles rencontrent sur leur trajet. On peut aussi aller les chercher à une certaine distance et les aménager, ce que l'on appelle les capter.

C'est plus particulièrement dans les terrains anciens, au contact des roches plutoniques ou à peu de distance des volcans, que l'on rencontre les eaux thermales : aussi sont-elles fréquentes dans certaines chaînes de montagnes. Il en existe en grand nombre dans les Pyrénées, dont la masse est principalement formée de roches éruptives et de terrains sédimentaires anciens. On en connaît aussi un assez grand nombre dans le Vivarais et dans l'Auvergne, qui possèdent de nombreux cônes volcaniques connus sous le nom de chaîne des Puys. Les autres volcans anciens ou actuels en possèdent aussi.

Les eaux minérales sont en général des eaux thermales ; c'est en se refroidissant à l'air et par suite des réactions chimiques dont elles sont le siége qu'elles laissent dégager ou déposent les principes qu'elles contiennent. Ces principes sont de l'hydrogène sulfuré ou acide sulfhydrique, de l'acide carbonique, des carbonates de soude, de fer et d'autres principes encore, parmi lesquels il faut citer la silice, l'iode et l'arsenic.

En Islande, auprès du volcan l'Hécla, il y a des eaux minéro-thermales qui sortent de terre sous la forme de jets puissants auxquels on donne le nom de *geysers*. Là et dans d'autres localités, à Hammam-Meskoutine, par exemple, ainsi qu'à Turbaco, dans la Nouvelle-Grenade, ces eaux chaudes déposent sur le sol à la surface duquel elles s'écoulent une couche épaisse de carbonate de chaux qui donne souvent à ces localités un aspect des plus pittoresques.

Qu'elles soient thermales ou non, les eaux minérales ont été classées d'après les principes particuliers qu'elles renferment en : 1° *Eaux gazeuses acides*, qui laissent échapper de l'acide carbonique et présentent les caractères principaux de l'eau de Seltz artificielle telle qu'on la prépare pour la table ; 2° *Eaux salines*, qui sont alcalines, renferment un sel spécial à base de soude, de chaux, etc., comme nous le voyons pour l'eau de Vichy, qui doit ses propriétés principales au bicarbonate de soude qu'elle renferme, ou pour l'eau de Sedlitz, si facile à imiter, dont le principe actif est le sulfate de magnésie ; 3° *Eaux ferrugineuses*, qui précipitent l'oxyde de fer qu'elles tenaient en dissolution sous la forme de carbonate de fer ; 4° *Eaux sulfureuses*, lorsqu'elles dégagent de l'acide sulfhydrique ou hydrogène sulfuré par suite de la décomposition des sulfures dont elles sont chargées avant d'arriver au contact de l'air, comme cela a lieu pour les eaux de Baréges et d'autres sources situées pour la plupart dans les Pyrénées. L'iode que l'eau de mer tient en dissolution contribue à ses propriétés médicinales et en fait une eau d'un genre à part qu'on a nommée iodo-chlorurée.

Puits artésiens. — Nous captons les eaux thermo-minérales pour les amener dans nos établissements de bains lorsqu'elles n'y arrivent pas naturellement, et, d'autre part, les puits ordinaires nous fournissent le moyen de nous procurer l'eau potable ou susceptible d'être employée aux besoins économiques et industriels. Ils mettent en effet à notre portée celle qui s'est épanchée dans les entrailles du sol, entre les couches qu'elle peut traverser et les bancs argileux et marneux qui lui font obstacle, et la laissent s'accumuler à des profondeurs variables ou la dirigent dans le sens de leur propre pente en la transformant, pour ainsi dire, en rivières souterraines; mais ces eaux ne sauraient remonter toutes seules des profondeurs auxquelles nous allons les chercher, et venir, dans les conditions où nous les trouvons ordinairement, s'épancher d'elles-mêmes à la surface du sol. Il n'en serait pas ainsi dans le cas où, provenant d'infiltrations opérées à un niveau supérieur à celui de l'orifice des puits artificiels, les eaux souterraines resteraient soumises à la pression occasionnée par la différence de niveau existant entre les surfaces par lesquelles elles sont absorbées et le point souterrain où nous pouvons les atteindre. Alors elles seraient soumises à la loi appelée par les physiciens loi des vases communicants, et tendraient à reprendre sur leur parcours le niveau qu'elles ont à leur point d'infiltration; c'est en effet ce qui a lieu dans certains cas déterminés. Ainsi les eaux qui tombent en Champagne et en Bourgogne, dans des localités où affleurant à la surface du sol certaines roches perméables, qui plongent ensuite pour venir sous le sol de Paris former l'un des doubles de la grande cuvette à laquelle on a donné le nom de bassin parisien, pénètrent ces roches et forment au-dessous d'elles une puissante nappe d'eau qui chemine entre les parties inférieures de la craie chloritée appelée aussi grès verts; elles sont retenues à ce niveau stratigraphique par les argiles kimmeridiennes qui font partie du système jurassique. Si au moyen d'un sondage puissant on attaque la nappe dont il s'agit, à Paris et dans les autres points du bassin ayant un niveau sensiblement inférieur à celui des localités qui reçoivent ces eaux et s'en laissent pénétrer pour donner lieu à la nappe dont nous venons de parler, le niveau tend à se rétablir entre l'eau prise au fond du bassin et celle qui occupe le sommet de la colonne; alors une puissante source jaillit au lieu où le forage a été pratiqué.

Il y a trois de ces puits dans Paris : à Passy, à Grenelle et près de la gare d'Ivry. Le puits de Grenelle a 547 mètres de profondeur et fournit, par minute, 46 000 litres d'eau à la température de 28°; celui de Passy est un peu

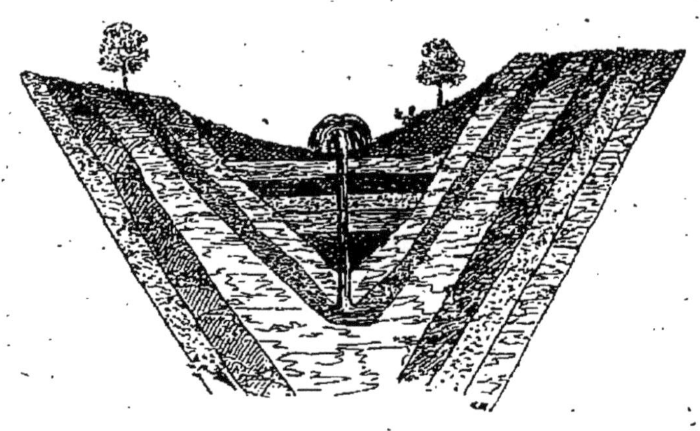

FIG. 30. — Coupe théorique des puits artésiens.

plus profond, et la quantité d'eau qu'il donne est un peu plus grande, mais la température de cette eau est la même.

D'autres puits artésiens, c'est-à-dire établis d'après un système analogue, existent dans la plaine Saint-Denis. Ils ne vont pas chercher la même nappe d'eau; ils prennent celle qui passe entre les sables éocènes, dits sables de Beauchamp, et l'argile plastique. Les résultats qu'on en a obtenus sont loin d'avoir la même importance que ceux fournis par les puits dont le tubage descend jusque dans les grès verts.

Les puits artésiens, ou puits à la façon de l'Artois, sont ainsi nommés parce que depuis longtemps ils sont en usage dans cette partie de la France. Il en existe aujourd'hui dans un grand nombre de localités, et, dans le Sahara algérien, où l'on a commencé à en établir, on en espère des résultats avantageux, parce que, fournissant l'eau indispensable à la culture, ils permettraient de fertiliser les sables jusqu'alors stériles de cette partie de l'Afrique.

Chaleur centrale. — Ainsi qu'on l'a vu dans un des paragraphes précédents, de nombreuses observations permettent d'établir que la terre a d'abord été à l'état de fluide incandescent et que, aujourd'hui encore, la plus grande partie de sa masse intérieure a conservé cette haute température. Sa surface seule s'est refroidie, ce qui a produit l'écorce dont elle est enveloppée, et cette écorce, d'abord fort mince et d'une fragilité telle que des ruptures s'y produisaient fréquemment et sur une vaste échelle, s'est peu à peu raffermie de manière à devenir plus résistante, sans acquérir cependant une bien grande épaisseur. En effet, on ne peut lui attribuer au maximum qu'une quarantaine de kilomètres ; mais elle a pu ainsi mieux contrebalancer l'action des poussées opérées par les espèces de marées qui s'accomplissent dans la masse fluide, et ne plus subir que des oscillations d'une intensité relativement faible, ainsi que de moindres dislocations. L'épaississement croissant de l'écorce terrestre a eu pour cause la solidification de nouvelles couches de la masse ignée avec lesquelles elle se trouvait immédiatement en contact, et aussi celle des épanchements qui se sont opérés à sa surface. Ce phénomène continue à avoir lieu, mais avec une moindre intensité.

C'est à la chaleur si élevée de la masse intérieure du globe qu'il faut attribuer l'augmentation de la température des couches constituant son enveloppe à mesure que l'on passe des plus superficielles aux plus profondes. A une distance relativement faible de la surface, l'influence des saisons cesse déja de se faire sentir. Certaines caves, l'eau des puits, beaucoup de sources, conservent en hiver la même température qu'en été, et cette température est, en général, égale à la température moyenne des lieux où ces excavations et ces sources sont situées. A Paris, la température moyenne est de $+11°$, et le point où elle reste constante s'observe à $+25$ mètres environ de la surface du sol. Les observations faites dans les mines et celles fournies par le forage des puits artésiens ont montré qu'à partir du point où la température ne varie plus avec les saisons, on trouve à Paris une augmentation de $1°$ pour chaque 33 mètres de profondeur[1], de sorte que, à 3 kilomètres, le thermomètre marquerait $100°$, c'est-à-dire le point de l'ébullition de l'eau, et, à 20 kilomètres, $666°$. En supposant que cette progression croissante se continue régulièrement suivant la même raison, ce qui

---

1. Dans certaines localités, par exemple, auprès des volcans et dans les terrains anciens, l'accroissement de température est plus rapide.

permettrait de calculer toutes les températures pour un même rayon de la sphère terrestre, on obtiendrait pour des profondeurs un peu considérables une chaleur tellement élevée qu'il nous est bien difficile de nous en faire une idée exacte. Elle serait plus que suffisante pour amener à l'état de fusion tous les corps connus.

Plusieurs des grands phénomènes terrestres dont nous devons maintenant parler sont des effets de ce feu central et les résultats de son action sur l'écorce terrestre : tels sont les tremblements de terre, les soulèvements, les volcans et d'autres phénomènes encore. Les sources thermales lui doivent aussi la température élevée qui leur a valu leur nom.

Tremblements de terre. — Ils sont un des premiers résultats de l'état incandescent et fluide de la masse centrale du globe, ainsi que du peu d'épaisseur de l'écorce solide qui l'enveloppe. Les poussées intérieures qui se produisent au centre de la terre font subir aux points de cette écorce contre lesquels elles pressent des trépidations et des ébranlements qui agitent assez le sol pour renverser les édifices élevés à sa surface, produire de fortes crevasses et disloquer les strates naturelles dont il est formé. Les mêmes phénomènes peuvent être produits par des tassements ou des affaissements de quelques points de la surface terrestre, occasionnés par la rétraction de la planète à mesure que sa masse se refroidit. Des bruits souterrains précèdent ces oscillations tantôt isolées et rapides, tantôt repétées à plusieurs reprises et durant un temps assez long.

De pareils phénomènes sont rares chez nous ainsi que dans les parties avoisinantes de l'Europe centrale, et s'ils s'y produisent, ce n'est qu'avec une faible intensité ; mais déjà dans le midi de l'Italie et en Portugal on les observe à de plus courts intervalles, et ils s'y produisent avec plus de force. Dans certaines parties de l'Amérique méridionale leur fréquence est plus grande encore. Nous citerons parmi les plus terribles tremblements de terre qui ont eu lieu dans le cours du dix-huitième et du dix-neuvième siècles ceux qui détruisirent Lima, au Pérou, en 1746, et Lisbonne, en 1755 ; désolèrent Cumana, au Pérou, en 1766 ; la Calabre, en 1783, en s'étendant jusqu'en Sicile ; Riobamba, au Pérou, en 1797 ; Caracas, dans le golfe du Mexique, en 1812 ; Alep, en Syrie, en 1822 ; les provinces de Murcie et de Valence, en Espagne, en 1829 ; la Guadeloupe, en 1843 ; la ville de Chiraz, en Perse, en 1853, et, en 1861, dans la nuit du 20 mars,

Mendoza, ville située au pied des Andes, sur le chemin
qui conduit de Buenos-Ayres à Valparaiso. Une minute suf-
fit à la destruction de Mendoza. Quelques jours auparavant, un semblable tremblement de terre avait eu lieu dans

FIG. 31. — Lisbonne le 1er novembre 1755.

la partie volcanique de l'île de Sumatra. On a d'ailleurs
remarqué que les contrées où il y a des volcans sont plus
exposées que les autres à ces terribles accidents, lesquels
s'étendent souvent du sol exondé à celui que recouvre la

mer, et produisent alors dans les eaux une grande agitation.

Soulèvements et abaissements du sol. — Il résulte souvent des tremblements de terre des élévations ou des abaissements de certaines parties du sol. Dans d'autres cas de semblables changements de niveau ont lieu très-lentement sans cause apparente, et une longue série d'observations permet seule de les apprécier. Cependant, sur certains points les côtes s'élèvent peu à peu, et des bancs de coquilles formés sous la mer actuelle, ce que l'on reconnaît à l'identité des espèces qui les constituent avec celles qui existent encore dans les eaux voisines, sont aujourd'hui relevés à plusieurs mètres au-dessus du niveau des eaux dans lesquelles ces coquilles ont vécu. C'est ce que l'on a observé sur les côtes de la Suède, ainsi que sur plusieurs points de la Méditerranée. Au Chili et dans beaucoup d'autres lieux, on constate de semblables faits. Ailleurs ce sont des affaissements qui ont eu lieu, et dans les temps géologiques anciens le double phénomène de l'élévation et de l'abaissement du sol s'est produit avec une intensité bien plus considérable, puisque c'est à lui qu'est due, ainsi que nous le verrons dans la seconde partie de ce Traité, la formation des plus hautes montagnes et celle des grands bassins maritimes. Un des plus curieux exemples des oscillations récentes du sol nous est offert par la plage de Pouzzoles, située à l'ouest de Naples. On y voit des colonnes du temple de Sérapis, bâti par les Romains avant que la mer ne baignât ce point du littoral. Elles sont aujourd'hui hors de l'eau, mais après être restées longtemps immergées, puisque leur fût a été attaqué dans sa partie moyenne par des coquilles perforantes du genre des gastrochènes, tandis que la base de ces colonnes qui était ensablée n'a point été altérée, et qu'il en est de même de leur sommet, lequel paraît avoir été toujours hors de l'eau. Il est évident que, lorsque les gastrochènes ont vécu, la portion de ces colonnes sur laquelle ils ont laissé leurs traces devait être immergée, et que ce n'est qu'ultérieurement et par suite d'un nouveau relèvement de la plage qu'elle a été mise à sec.

Volcans. — Les tremblements de terre précèdent dans beaucoup de cas, et presque toujours ils accompagnent l'éruption des volcans; l'orifice par lequel ces derniers rejettent leur contenu est lui-même le produit d'un soulèvement partiel du sol. Les volcans ne sont en effet que des ouvertures opérées dans l'écorce terrestre à la suite de

certaines de ses oscillations. Une immense fêlure étoilée
produite en un point déterminé par la poussée du liquide
intérieur forme une élévation appelée *cône de soulèvement*,
dont le sommet sera l'ouverture du volcan ou son *cratère*.
Elle livre passage aux déjections du foyer volcanique, les
unes constituées par une poussière abondante qui retombe
comme un manteau épais et brûlant sur le sol après s'être

FIG. 32. — Coupe théorique d'un volcan en éruption.

élevée sous la forme d'un nuage immense dont l'atmosphère est obscurcie; cette poussière forme la *pouzzolane*.
   D'autres produits des volcans constituent des masses considérables que l'on a comparées à des bombes ou sont au
contraire formés de gaz en combustion projetant au loin
une éclatante lumière. Ces gaz renferment de l'acide chlorhydrique, de l'acide sulfureux, de l'acide carbonique, ainsi
que de l'hydrogène carboné et de l'hydrogène sulfuré.

D'autres matières encore sont rendues liquides et s'écoulent par le cratère ou à travers de petits orifices percés sur les flancs du cône volcanique ; elles forment des ruisseaux incandescents et constituent après leur refroidissement les *laves*, loersqu'elles sont compactes, ou des *scories*, si leur substance a été boursouflée par le dégagement de gaz.

Le cône d'éruption formé par le soulèvement des roches que traverse le volcan est en partie recouvert par les cendres que celui-ci a rejetées, et ces cendres peuvent s'étendre fort loin dans les environs ; il en est de même des blocs lancés avec elles ainsi que des laves, et il existe par-

FIG. 33. — Vésuve : la Somma, avant le premier siècle.

fois dans le cratère, comme cela a lieu pour le Vésuve, un cône plus petit appelé *cône de déjection*, que les éruptions successives accroissent ou détruisent en partie suivant la manière dont elles se succèdent.

Le Vésuve, l'un des volcans que l'on a le mieux étudiés, est situé à peu de distance de Naples, vers l'extrémité orientale du golfe de ce nom. Il était réduit à l'état de cratère éteint, et l'on avait perdu le souvenir de ses anciennes éruptions, lorsqu'en 79 de l'ère actuelle ses feux se rallumèrent avec une extrême violence et ensevelirent sous les cendres et les matières qu'il rejeta les villes

d'Herculanum et de Pompéi, ainsi qu'une grande partie
de la contrée environnante. Pline le naturaliste fut une
des victimes de cette éruption. On a retrouvé sous les
cendres les deux villes que nous venons de citer, avec
leurs habitants attardés, les maisons qu'ils habitaient et
les objets de toutes sortes qui y avaient été accumulés
pour les usages domestiques; les peintures à fresques dont
les murailles de Pompéi étaient ornées se sont même conservées, et les plus remarquables, extraites avec soin de
dessous les cendres, sont venues enrichir le musée de
Naples. Une collection formée à Pompéi même réunit les

FIG. 34. — Le Vésuve après l'éruption de l'année 79.

objets ainsi exhumés au fur et à mesure de leur découverte,
et l'on peut parcourir maintenant la plus grande partie de
la ville, grâce au soin que l'on a pris d'enlever les cendres
volcaniques dont les rues et les monuments ont été recouverts par cette terrible éruption.

D'autres éruptions du Vésuve eurent lieu en 204, 472,
512, 685, 993, 1036 et 1136, mais le volcan se reposa ensuite pendant près de cinq cents ans. Au commencement
du dix-septième siècle, le sommet présentait, comme avant
l'éruption de l'année 79, la forme d'un large bassin, et il
était occupé par une riche végétation composée de chênes,

de châtaigniers et d'érables. Au mois de décembre 1631, le volcan se rouvrit au-dessus d'un vaste fossé qui sépare le cratère actuel d'avec l'ancien cône appelé la Somma, dans l'endroit dit Atrio del Càvallo. La lave descendit jusqu'auprès de Portici, l'un des quartiers de Naples, après avoir tout brûlé ou ravagé sur son passage. Une nouvelle

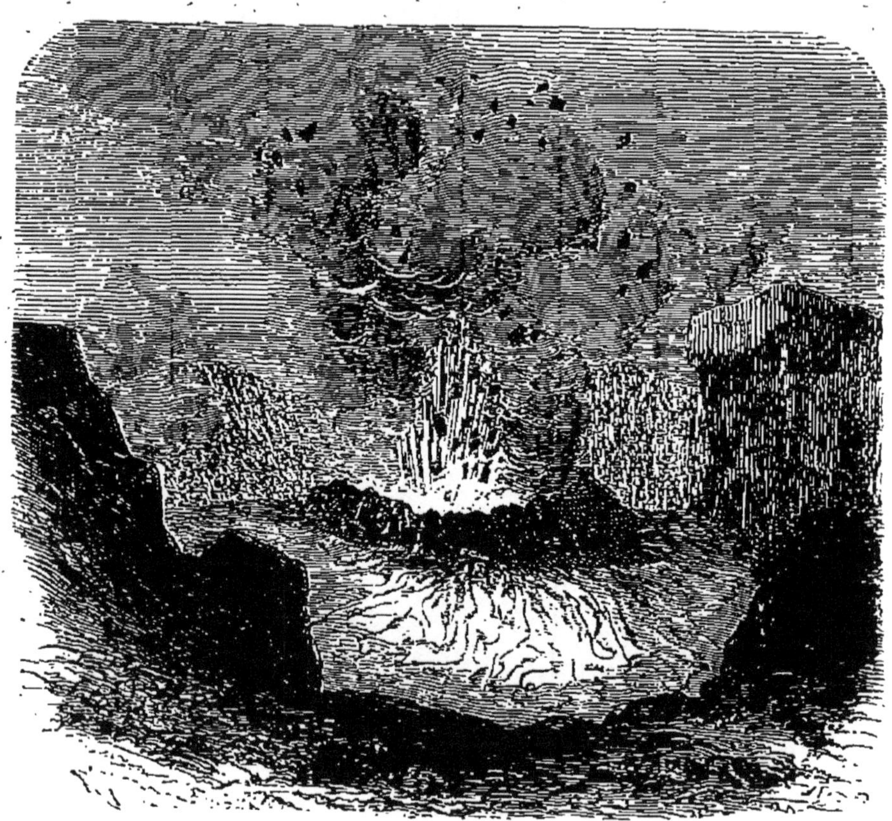

FIG. 35. — Intérieur du cratère du Vésuve en 1829.

éruption eut lieu en 1660, et il y en a eu plusieurs autres depuis cette époque jusqu'en 1685. Elles ont repris en 1707 et en 1724, puis en 1737. En 1797, une coulée de lave large de 500 mètres et haute de 14 s'avança jusqu'à 200 mètres dans la mer. En 1822, nouvelle éruption également considérable, puis en 1850; et, après cela, continuité des mêmes phénomènes, mais sur une moindre échelle, de 1855 à 1858; enfin de fortes recrudescences ont signalé les années 1861 et 1872.

L'Etna est un autre volcan d'Italie, situé à peu de distance de Catane en Sicile. Le Volcano et le Stromboli dépendent des îles Lipari. Le Stromboli a toujours été en éruption depuis deux mille ans. L'Hécla se trouve en Islande; il en est le principal volcan. Dernièrement, de nouveaux cratères, accompagnés de geysers, viennent de se produire dans cette île, du côté du plateau de Myvatn, situé au Nord-Est. On a d'abord eu connaissance de ce

FIG. 36. — Mont Érebus (Terre Victoria).

fait sur le continent par les poussières reconnues comme volcaniques que le vent, qui soufflait du nord-ouest, amena jusqu'en Suède et en Norvége, et les journaux de Reikiawick (Islande), venus bientôt après à Copenhague, ont appris qu'en effet de fortes éruptions avaient commencé vers Noël 1874. Le brouillard sec qui couvrit l'Europe en 1783 était également dû aux poussières lancées par les volcans islandais; il dura pendant près de trois mois, et en septembre 1845 un nuage de même origine, mais beaucoup moins considérable, fut observé aux Shetland et aux Orcades.

On cite trois volcans dans les archipels qui entourent l'Afrique : le pic de Ténériffe et le pic des Açores, situés à l'ouest de ce continent, et le volcan de la Réunion (île Bourbon), qui est dans la mer des Indes. Les volcans d'Améri-

Fig. 37. — L'île Julia, volcan sous-marin, le 29 septembre 1831.

que sont plus nombreux; il y en a plusieurs au Mexique, au Pérou et dans diverses autres parties de la chaîne des Andes. Le Kamtschatka, les îles de la Sonde, l'Océanie, en possèdent également, et il en a été observé jusqu'au pôle sud, tels que l'Erébus et le Terror, propres à la région des bankises. Les îles Saint-Paul et Amsterdam, situées dans l'hémisphère sud, bien au delà des Mascareignes et de

Madagascar, sont aussi de nature volcanique. Leur extinction doit remonter à une date peu reculée.

Certaines autres îles ont une origine également volcanique, et il peut même arriver que leur apparition ne soit que temporaire : c'est ainsi qu'un volcan en ignition s'éleva, en 1831, près des côtes de la Sicile, et disparut

FIG. 88. — Chaîne des Puys (Auvergne).

bientôt après. Constant Prévost, géologue français, que l'Académie des sciences avait chargé d'en faire l'étude, lui donna le nom d'île Julia.

Les atoles ou îles madréporiques de l'Océanie, qui constituent des îlots isolés ou des petits archipels, sont le produit de semblables cônes éruptifs et forment des cratères éteints sur le pourtour desquels se sont développés des récifs de coraux qui en ont étendu la surface.

On rencontre en Europe, dans l'intérieur des terres aussi

bien que dans certaines régions maritimes, de semblables
cratères que leur forme, les pouzzolanes ou tufs qui en recouvrent les pentes, les projectiles analogues à ceux des
volcans dont ils sont entourés et qui jonchent le sol à des distances parfois considérables, les laves dès longtemps solidi-
fiées qui ont coulé sur leurs pentes et d'autres caractères
encore, permettent de regarder avec certitude comme ayant
été des volcans ; mais ces volcans se sont éteints à des époques reculées, et, quoique l'homme ait probablement existé
en Europe pendant les derniers temps de leur activité, le
souvenir ne s'en est pas conservé. En 1751, Guettard et
de Malsherbes reconnurent la nature volcanique des monti-
cules à cratères de l'Auvergne et du Vivarrais, auxquels on
donne dans ce pays le nom de *puys*. Ayant vu employer à
Moulins une pierre noire qui ressemblait à la lave du Vésuve, ils en demandèrent la provenance. C'est, leur dit-on,
de la pierre de Volvic. Mais, dirent nos deux géologues,
Volvic, cela veut dire *Vulcani vicus*, et ils partirent pour
l'Auvergne, où ils constatèrent la nature volcanique des
puys.

Il y a aussi d'anciens volcans dans le Bas Languedoc,
aux environs d'Agde et de Montpellier, ainsi que dans
diverses autres parties de l'Europe et sur les autres continents. Ces volcans ne paraissent pas antérieurs aux dernières phases de l'époque tertiaire, et il se pourrait que
quelques-uns d'entre eux se rouvrissent comme cela a eu
lieu pour le Vésuve, dont Strabon avait dit, vers les premiers temps de l'ère actuelle : « On serait tenté de croire
que ces lieux ont brûlé jadis, et qu'ils renferment des cratères où l'incendie s'est éteint, faute d'aliments. » Le lac
Pavin, en Auvergne, est le cratère d'un ancien volcan qui
a été rempli par les eaux.

Dans d'autres cas on trouve auprès des volcans éteints
une roche silicifiée peu différente de la lave par sa composition chimique, mais d'une autre forme. Elle s'est déposée en masses qui se sont séparées pendant leur refroidissement en une multitude de colonnes prismatiques à base
hexaèdre, qui tantôt ressemblent de loin à des accumula-
tions de tuyaux d'orgues dressés, tantôt à de gigantesques
pavages, dont l'action des eaux a encore par endroits accru
la bizarrerie. Les plus remarquables sont la double chaussée de la rivière du Volant, dans le département de l'Ar-
dèche, la chaussée des Géants, en Irlande, et la grotte de
Fingal (fig. 7), dans l'île de Stoffa, l'une des Hébrides.

Les trachytes, les diorytes et les trapps, sont des roches peu différentes des basaltes ou des laves qui accompagnent aussi les éruptions volcaniques. Dans certains cas, les produits ayant cette origine constituent des poussées qui ont perforé la masse du cône volcanique, ou des dykes ayant la forme de murailles placées sur quelque point de sa surface.

Les *solfatares* ou soufrières sont des amas de soufre tantôt refroidi, tantôt encore en combustion, qui accompagnent habituellement les volcans, que ceux-ci aient leur cratère oblitéré ou qu'ils jettent maintenant des flammes.

FIG. 39. — Lac Pavin.

Elles constituent les sources principales desquelles nous tirons cette substance. Celle des environs de Pouzzoles, près de Naples, est souvent citée par les géologues, malgré son peu d'importance; celle de l'Etna est bien plus productive.

PHÉNOMÈNES GÉOLOGIQUES ANCIENS.

Les phénomènes qui s'accomplissent à la surface du globe terrestre ont pour la plupart une grande analogie avec ceux dont notre planète a été le témoin à des époques reculées, et leur notion peut servir à expliquer ces derniers. Les causes agissant maintenant, ou, comme le disent les géologues, les causes actuelles, ne sont pas d'intervention exclusivement récente, et le plus souvent elles ne diffèrent pas de celles qui ont agi durant les périodes antérieures : aussi les phénomènes anciens sont-ils susceptibles dans bien des cas d'être expliqués par ceux qui se produisent de nos jours. C'est ce que nous aurons l'occasion de constater de nouveau en examinant les roches de diverses sortes qui concourent à former l'écorce du globe et les matériaux qui les composent. L'étude des fossiles montre également qu'autrefois comme dans l'époque récente les restes des êtres organisés, qu'ils proviennent des animaux ou des plantes, ont joué avec les matières inorganiques un rôle considérable dans l'accroissement des roches.

Matériaux inorganiques. — Soixante et quelques corps simples, c'est-à-dire indécomposables par les procédés dont la chimie dispose et qui ne peuvent être transformés les uns dans les autres, sont présentement connus ; ils sont susceptibles de fournir un grand nombre de substances en se combinant entre eux suivant certaines règles. Ce sont eux qui constituent les matériaux inorganiques du globe terrestre. Quelques-uns de ces corps ont seuls été rencontrés à l'état simple et par suite en dehors des combinaisons régulières dans lesquelles ils sont susceptibles d'entrer.

Qu'ils restent à l'état simple ou qu'ils soient au contraire combinés sous la forme d'acides, de bases, de sels, ces matériaux inorganiques sont aussi les mêmes qui entrent dans la composition des êtres organisés, et l'analyse chimique les retrouve dans le corps de ces derniers. On peut citer de préférence parmi eux l'oxygène et l'azote, qui s'observent associés l'un à l'autre, mais à l'état de mélange et sans y former une combinaison véritable, dans l'air atmosphérique ; l'hydrogène, qui se combine à l'oxygène pour donner l'eau ; le carbone, si répandu dans les matières organiques et qui fournit l'acide carbonique par sa combinaison avec l'oxygène ; le chlore, qui est comme les précédents un métalloïde ; le silicium, dont la combinaison avec l'oxygène constitue la silice ou cristal de roche, ce qui est la matière principale des sables ainsi que des grès ; le soufre, autre métalloïde, qui s'unit aussi à l'oxygène et forme alors l'acide sulfurique ou d'autres produits acides, enfin les métaux, dont les uns ne se trouvent qu'à l'état de combinaisons et dont quelques autres seulement peuvent rester libres de toute association ; on dit alors qu'ils sont à l'état natif.

A la première catégorie des métaux appartient le fer, si répandu sous les différentes formes d'oxyde, de carbonate ou de sulfure ; on trouve cependant quelques masses de fer qui sont pures, mais elles appartiennent toutes à la classe des aérolithes ou pierres tombées du ciel, et c'est sous cette forme qu'elles sont arrivées à la surface de la terre, à une époque reculée.

Roches plutoniques. — Au contraire, la plupart des autres minéraux proviennent du refroidissement des matériaux précédemment incandescents auxquels notre planète doit son origine. Le calcium, qui a pour oxyde la chaux, le sodium, le potassium, le strontium, l'aluminium, le magnésium, qui deviennent la soude, la potasse, la strontiane, l'alumine ou la magnésie, en s'associant à l'oxygène, constituent les bases dites alcalines et terreuses. Ce sont comme le fer des corps simples qui ne se rencontrent pas à l'état de pureté, et c'est à la chimie ainsi qu'à la physique que l'on doit d'avoir pu les isoler. D'autre part, le mercure, le seul de tous les métaux qui soit liquide dans les conditions ordinaires de température, le cuivre, l'argent, le platine et l'or, conservent habituellement leur caractère métallique dans les gisements où l'on en fait l'extraction, ce qui ne les empêche pas d'entrer aussi dans un certain nombre de composés naturels, dont la description est le principal objet de la minéralogie.

Le *quartz*, vulgairement nommé cristal de roche, est, ainsi que nous venons de le dire, de la silice pure. On en distingue plusieurs variétés : le cristal de roche diaphane, le cristal de roche enfumé, l'améthyste, la fausse topaze et le rubis de Bohême. L'agate ou calcédoine en est une autre forme, et il en est de même du jaspe, ainsi que des opales, à la série desquelles appartient la ménilite propre aux terrains tertiaires inférieurs. Les silex pyromaques, appelés aussi pierres à fusil ou pierres à briquets, et que nous fournissent principalement les rognons de la craie blanche, sont d'autres variétés de la silice. Avant d'avoir inventé l'art d'extraire les métaux, plus particulièrement l'étain et le fer, en les séparant de leurs combinaisons, l'homme a longtemps employé le silex pyromaque pour la fabrication des armes et des autres instruments dont il se servait dans son industrie commençante, et comme cette substance ne s'altère pas par l'oxydation ou par d'autres causes, comme celles qu'il lui a substituées depuis, les outils qu'il en a fabriqués se sont conservés dans le sol où nous les retrouvons aujourd'hui. C'est ainsi que nous avons la possibilité de refaire, en étudiant avec soin les instruments préhistoriques, l'histoire de ces temps reculés, dont les hommes avaient perdu le souvenir.

Les sables et les grès sont aussi des roches de nature siliceuse, et il s'en rencontre à des étages très différents dans le sein des formations sédimentaires. Des infiltrations de carbonate de chaux en ont relié par endroits les grains les uns aux autres, et dans certains cas elles ont substitué à la cristillisation de la silice leur propre forme cristalline, ce qui constitue une curieuse anomalie connue des minéralogistes sous le nom de pseudo-morphose.

En se combinant avec différentes bases alcalines, terreuses ou métalliques, la silice donne le feldspath, le mica, le talc, l'amphibole, le pyroxène, la serpentine et d'autres roches encore qui font partie des masses cristallines de l'écorce terrestre.

Dans le feldspath la silice est associée à l'alumine et aux alcalis. Le kaolin est une variété terreuse de ce minéral, qui est infusible et qui s'imbibe difficilement ; il fournit la pâte avec laquelle on fabrique la porcelaine.

Le mica consiste en une combinaison de potasse, de magnésie, de fer, ou, comme dans le cas précédent, de magnésie avec de la silice. La poudre dite poudre d'or, que l'on emploie pour bureaux, est faite avec du mica, et le mica transparent peut servir au vitrage des habitations.

Dans le talc, la silice est associée à la magnésie et constitue aussi de minces feuillets. Réduit en poudre, on l'emploie pour faciliter l'usage des gants et des chaussures que l'on met pour la première fois ; coloré en rose, il constitue le fard.

Dans l'amphibole, les bases combinées à la silice sont de la chaux, de la magnésie ou de l'oxyde de fer ; mais les caractères physiques de cette substance permettent de la distinguer de plusieurs autres ayant une composition analogue, comme l'amiante ou asbeste, qui se présente sous la forme de fibres comparables à celles des tissus fabriqués avec les matières que l'on tire des animaux ou des plantes. Elle peut de même être employée à la fabrication de véritables tissus, mais ces tissus jouissent de la propriété d'être incombustibles.

Le pyroxène, qui se rencontre surtout dans les roches

d'origine volcanique connues sous le nom de basaltes et dans les aérolithes appelés pierreux à cause de leur apparence, diffère peu des amphiboles. Le diallage en est une simple variété. La serpentine, pierre d'origine également plutonienne, et dont il existe des amas considérables dans les terrains anciens, est une combinaison de silex et de magnésie.

Le granite, qui constitue en partie la charpente cristalline de l'écorce terrestre, a une composition plus complexe encore. Il est formé d'éléments multiples ayant chacun une composition différente, et qui sont mêlés entre eux dans une masse commune au sein de laquelle l'œil peut aisément les reconnaître. On y distingue en effet du quartz, des feldspaths et du mica.

Les porphyres, autres roches d'une nature éruptive, résultent de la solidification d'une pâte siliceuse très-déliée dans laquelle peuvent s'être produits des cristaux. Dans certains cas, ils ont l'apparence de poches isolées dites géodes dont les parois intérieures sont cristallisées.

Ce sont là autant de roches de nature plutonique, c'est-à-dire provenant des matériaux primitifs du globe rendus solides par suite d'un abaissement considérable de la température à laquelle ils ont été exposés après s'être séparés de la masse incandescente.

Filons. — De même que des pépites d'or peuvent se rencontrer au milieu des terrains de sédiments dont les matériaux ont été arrachés aux dépôts cristallins, principalement à ceux où le quartz domine, de même aussi il peut exister dans l'intérieur des roches sédimentaires des amas de minerais qui ont primitivement appartenu aux masses incandescentes ; ils sont dus à des espèces de fusées émanées de la masse centrale ; d'autres paraissent avoir été en partie déposés par d'anciennes eaux minérales. Les galènes ou sulfures de plomb, qui sont parfois argentifères, d'autres fois cuprifères ou chargées de cuivres, ont été regardées comme ayant cette origine ; leur extraction donne lieu à des exploitations importantes. L'étude des filons offre donc un grand intérêt.

Roches neptuniennes. — Cependant certaines roches sont entièrement dues à l'intervention des eaux, et l'on dit, à cause de cela, qu'elles ont une origine neptunienne ou sédimentaire ; mais il en est parmi elles qui sont aussi formées en plus ou moins grande partie de silice, et il faut citer comme tels les micachistes, qui rentrent dans la catégorie des terrains métamorphiques.

Les *argiles* sont aussi des mélanges de silice avec d'autres substances minérales, mais qui résultent de l'association de particules d'une extrême ténuité dues, les unes à la silice même, les autres à des matériaux terreux comparables à ceux qui constituent la terre végétale. Le dépôt en est également dû aux eaux. On peut y trouver encore, dans plusieurs cas, des variétés de silex, d'opales, etc., des corpuscules très-délicats et silicifiés provenant d'animaux ou de plantes microscopiques et en particulier des carapaces de ces petits êtres. De la silice se dépose aussi dans des plantes de divers groupes, et l'on en observe en quantité assez notable dans le chaume des graminées.

L'argile entre pour une certaine proportion dans la constitution de la *terre végétale*, qui renferme en outre différentes autres substances à l'état de désagrégation.

Pierres fines. — L'alumine participe à la formation de certaines pierres fines, telles que le rubis et le saphir oriental. Le rubis est de l'alumine associée à de la magnésie. Dans le saphir l'alumine est combinée à un oxyde métallique. On la retrouve dans la topaze, qui est du silicate d'alumine, et dans l'émeraude, qui est un silicate double d'alumine et de glucine. Dans le grenat un oxyde terreux s'ajoute au silicate d'alumine. La turquoise minérale est constituée par un phosphate d'alumine.

Calcaires. — Le carbonate de chaux fournit la principale substance d'un grand nombre de roches sédimentaires. De même que l'on cite des grès et des argiles appartenant à des époques géologiques très-différentes, de même aussi il y a des calcaires de plusieurs âges, et dont les uns se sont déposés sous les eaux douces, tandis que la formation des autres a eu lieu sous la mer. Les calcaires sont pour la plupart composés d'acide carbonique combiné avec de la chaux; ils constituent alors les vrais calcaires; mais il y a également des sulfates et des phosphates de chaux, c'est-à-dire des roches dans lesquelles l'oxyde de calcium est associé à l'acide sulfurique ou à l'acide phosphorique.

Le carbonate de chaux est incomparablement le plus répandu des trois calcaires dont il vient d'être question. C'est lui qui forme le moellon ou calcaire miocène du Midi et le calcaire grossier parisien ou pierre à bâtir, si employée dans la construction des édifices de la capitale. Les stalactites et les stalagmites qui constituent les incrustations des cavernes (fig. 27) ou des incrustations encore différentes de celles-ci (fig. 29), que nous avons déjà signa-

lées en partie, sont également dues au carbonate de chaux.
L'aragonite, le calcaire lithographique, d'autres calcaires
dont nous faisons la chaux en les brûlant pour leur enlever
leur acide carbonique, sont aussi des formes différentes du
carbonate de chaux, et il en est de même du spath d'Islande, qui est un carbonate de chaux cristallisé, jouissant de
la double réfraction, ce qui n'a pas lieu pour l'aragonite.

Les coquilles calcaires des mollusques, les polypiers, qui
ont la même composition chimique que ces coquilles, le
têt des oursins, celui des foraminifères, méritent aussi d'être
mentionnés comme contribuant à la formation des dépôts
calcaires, car ils ont eu de leur côté et ils ont encore une
grande influence sur la formation des roches sédimentaires en s'accumulant au sein de ces roches lors de leur dépôt.
On cite comme tels la pierre à miliolites et celle à cérithes des environs de Paris, la craie à forammifères, les
calcaires à polypiers, dits coral-rag, le calcaire conchylien
ou muschelkalk, etc., qui appartiennent à des étages bien
différents de la série des formations sédimentaires. Il se
produit encore par endroits des calcaires dus à l'accumulation des animaux dont la charpente ou l'enveloppe consiste
en carbonate de chaux, et l'on peut les employer tout aussi
bien que ceux des anciennes formations aux constructions
ou à la fabrication de la chaux.

Sur certains points des régions équatoriales où les polypiers abondent, le développement s'en fait avec une si grande
rapidité qu'on en tire des matériaux de construction.

La chaux s'obtient du carbonate de chaux en le débar-
rassant de son acide carbonique; celle dite hydraulique
est une variété de cette substance renfermant de la silice
et qui jouit de la propriété de se durcir promptement par
l'action de l'eau.

Les sulfates de chaux constituent la pierre à plâtre. On
en rencontre dans des terrains fort anciens et dans d'autres
qui se sont au contraire formés à une époque moins reculée, pendant la période tertiaire, par exemple. A cette seconde catégorie appartiennent les gypses parisiens et ceux de
Vaucluse ainsi que de diverses autres localités. Ils se sont
déposés au milieu de certains lacs de cette période, tandis
que les cavités analogues étaient envahies ailleurs par du
carbonate de chaux, ou bien encore par des calcaires siliceux,
par des lignites, etc. Ces dépôts ont, par endroit, une puissance considérable; on les reconnaît aux coquilles et au-

tres animaux terrestres ou fluviatiles dont ils renferment les débris.

Pour obtenir le plâtre on fait cuire le gypse dans des fours analogues à ceux qui servent à la fabrication de la chaux. Le but de cette opération est de lui enlever son eau de cristallisation, de manière qu'en passant à l'état anhydre il devienne avide d'eau et prenne de la consistance, bientôt de la dureté, si on le gâche au moyen d'une certaine quantité de ce liquide. Le gypse cristallise sous la forme de fers de lances; dans d'autres cas il se transforme en un albâtre élégant très-employé pour l'ornementation. Il y a aussi des dépôts gypseux dans le Sahara algérien et ailleurs; mais de toutes les pierres à plâtre celle qui se prête le mieux à cette préparation est fournie par les carrières des environs de Paris, et le plâtre qu'on en obtient est supérieur à tous les autres pour les travaux artistiques.

Le phosphate de chaux qu'on emploie sous le nom de phosphorite est surtout recherché pour l'agriculture, qui en tire un excellent parti. Il s'en fait en ce moment une exploitation considérable dans le Quercy. Certains phosphates de chaux, au lieu de provenir d'incrustations analogues à celles que le carbonate de chaux peut fournir de son côté, sont des déjections intestinales d'animaux de l'ordre des carnivores ou de la classe des poissons et ont pour origine les os mangés par ces animaux. On les désigne par le nom de coprolites, rappelant qu'ils sont de la nature des féces. Certains coprolites sont dus aux reptiles, et il en est qui proviennent de la sécrétion urinaire de ces animaux. On y trouve de l'acide urique.

La dolomie, qui forme des masses d'une apparence toute spéciale et comme déchiquetées sur la crête ou sur les flancs de différentes montagnes, particulièrement des montagnes dues aux terrains jurassiques, est un carbonate mixte de chaux et de magnésie.

Combustibles minéraux. — L'accumulation du carbone laissé par les végétaux a produit, dans un grand nombre de localités, des dépôts de matières combustibles qui constituent une source considérable de richesses. On en trouve à différents étages. Les *anthracites* comptent parmi les plus anciens; les *houilles* se sont déposées ensuite et, pendant les périodes jurassique et tertiaire, les *lignites*. Les *tourbes* sont plus récentes et le dépôt s'en continue de nos jours.

Le diamant n'appartient pas à ces gisements; il provient, comme l'or, de formations plutoniques, et, si on le rencontre ainsi que ce dernier dans des dépôts récents, c'est parce qu'il y a été porté comme lui par suite des remaniements de terrains qui se sont opérés à des époques peu anciennes. Le diamant est du carbone pur et cristallisé ; on en trouve au Brésil, aux Indes, à Bornéo et dans d'autres localités. Les principaux gisements d'or sont ceux de la Californie et de l'Australie, dont la richesse est excessivement supérieure à celle des localités exploitées par les anciens.

Sel gemme. — Il n'est pas jusqu'au sel marin (chlorure de sodium) qui ne constitue dans les couches dont est formée l'écorce terrestre dès amas ayant une importance

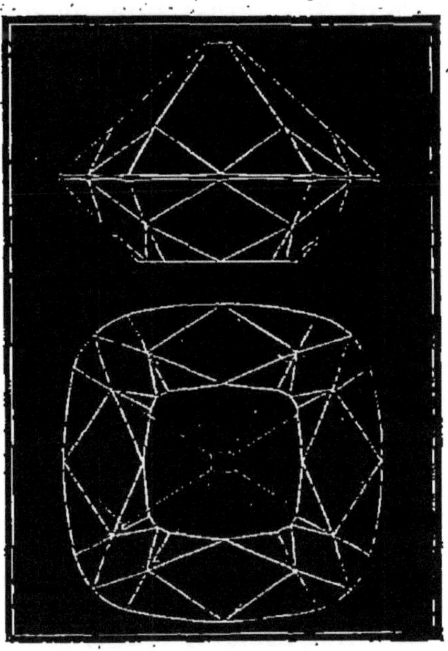

FIG. 40. — Le Régent.

réelle. On donne à ces dépôts le nom de sel gemme, signifiant pierre de sel. Ce sont des dépôts laissés par les anciennes mers, et leur composition est la même que celle du sel que nous extrayons des mers actuelles. Ils appartiennent principalement aux formations secondaires inférieures auxquelles ils ont valu le nom de terrains saliférens. A Vicq et à Dieuze, dans le département de la Meuse, il s'en fait une exploitation importante. Les lacs amers de la Judée en possèdent aussi des quantités considérables.

Eau de combinaison et de cristallisation. — Il n'est pas inutile de rappeler à la suite de ce qui précède que l'eau joue un rôle important dans la plupart des minéraux, que ceux-ci doivent leur origine au refroidissement de matières primitivement ignées ou qu'ils soient de nature sédimentaire. C'est ce que l'on appelle tantôt eau de combinaison, tantôt eau de cristallisation de ces substances, suivant la manière dont l'eau intervient. Elle est en outre la cause de l'efflorescence et de la déliquescence de certains minerais.

RESTES FOSSILES DES ÊTRES ORGANISÉS. — Les animaux et les végétaux n'ont pas toujours existé. La température terrestre, d'abord très-élevée, l'état primitivement fluide des masses minérales et l'absence d'atmosphère proprement dite, ainsi que de mers, se sont pendant longtemps opposés à leur développement ; en outre, lorsque les premiers êtres vivants ont apparu, leurs débris ne se sont pas toujours conservés, quoique déposés par les eaux dans les couches sédimentaires qui se formaient alors comme cela a encore lieu sous nos yeux. La trace des débris qui en provenaient a souvent disparu par suite des phénomènes de métamorphisme qui se sont accomplis et ont changé la structure des roches sédimentaires soumises à l'action de la chaleur centrale : aussi ne possède-t-on que des indications douteuses relativement aux espèces végétales ou animales qui ont les premières habité notre planète. Les terrains correspondant à ces temps reculés reçoivent de beaucoup de géologues la dénomination d'*azoïques*, signifiant sans animaux et par extension sans fossiles.

Quoique l'*éozoon* signalé dans des formations plus anciennes encore que les schistes et les gneiss métamorphiques ait été regardé comme un animal par des savants du premier mérite, d'autres naturalistes lui refusent ce caractère, et il reste quelques doutes sur sa véritable nature.

Nous ignorons donc les conditions d'organisation propres aux premiers êtres vivants, et nous ne savons pas davantage comment ils ont apparu sur la terre. Tout ce qui a été dit à cet égard est purement hypothétique, et la science est jusqu'à ce jour restée fort incertaine sur ce point important ; les phénomènes de métamorphisme auxquels les roches sédimentaires ont été exposées compliquent encore les questions qui se rattachent à ce sujet difficile.

Mais déjà le terrain silurien nous montre les restes fossilisés d'un nombre considérable d'animaux et de plantes, et il y a aussi des fossiles des deux règnes dans tous les dépôts d'origine sédimentaire qui se sont formés depuis la fin de cette période. De nos jours même, il se fait de semblables amas. Les nouvelles couches qui se produisent sous les eaux, principalement dans les lacs ou dans la mer, par le dépôt des matières minérales dont ces eaux sont chargées, ou que les rivières et les fleuves portent jusque dans leurs bassins, enfouissent avec elles les débris des animaux et des plantes qui meurent journellement, et, dans beaucoup de cas, il est facile de reconnaître de quelles espèces ces débris proviennent.

On ne saurait douter qu'il en ait été de même à toutes les

époques qui se sont écoulées intermédiairement à la formation du terrain silurien et à celle des dépôts actuels. La comparaison de ces faunes successives et celle des flores contemporaines de chacune d'elles a montré que les espèces qui les composaient ou du moins certaines de ces espèces étaient, dans beaucoup de cas, capables de servir à les caractériser, attendu qu'elles n'ont existé que pendant un temps limité correspondant à telle ou telle de ces époques : il est donc possible d'arriver par leur examen à connaître les variations que les êtres organisés ont subies dans la série des temps géologiques, comme on réussit, par la comparaison des faunes et des flores actuellement disséminées à la surface du globe, à établir les différences plus ou moins grandes que ces dernières offrent entre elles. L'étude des fossiles est ainsi d'un grand secours pour les géologues, lorsqu'ils veulent établir la chronologie des formations. Elle permet en même temps aux zoologistes et aux botanistes de compléter, par la notion des espèces disparues, les groupes encore représentés sur le globe, et d'ajouter à la liste qu'ils ont dressée de ces groupes celle des espèces, des genres ou des familles qui se sont anéantis à des époques plus ou moins reculées. Certains fossiles ont conservé sans avoir subi d'altération la forme des êtres dont ils proviennent, et, dans beaucoup de cas, les organes dont leur corps était constitué sont plus ou moins reconnaissables. Des particularités délicates de la structure peuvent être également constatées. Cependant beaucoup de ces fossiles ont changé de nature chimique. Il y en a qui sont devenus calcaires dans la roche avec laquelle ils se sont confondus, d'autres siliceux, pyriteux, charbonneux, etc. Ceux qui ont acquis la consistance siliceuse se prêtent plus particulièrement à un examen microscopique de leurs tissus, grâce aux couches minces et aux préparations diverses que l'on peut en exécuter, et il y a telles espèces d'animaux ou de plantes qui ne sont pas moins bien connues dans les détails de leur histologie que les espèces actuelles les mieux étudiées sous ce rapport.

D'autres fois la substance même des fossiles a disparu, et il ne reste plus que la gangue qui les a enveloppés et sur laquelle ils ont imprimé leurs contours, ou la masse sédimentaire qui a rempli leurs cavités. L'examen de ces empreintes extérieures et de ces moules intérieurs peut, à l'occasion, fournir aussi à la science d'utiles renseignements.

La plupart des grandes divisions établies dans les deux règnes ont des représentants parmi les fossiles, et, sauf quelques-unes, leur apparition remonte aux époques les plus anciennes que l'on connaisse; cependant les vertébrés allantoïdiens, plus particulièrement les mammifères et les oiseaux, qui sont les plus parfaits des animaux, et les plantes phanérogames de la grande-division des angiospermes, c'est-à-dire les dicotylédones et les monocotylédones, qui occupent le premier rang parmi les végétaux à cause de la perfection relative de leur structure, ne paraissent pas avoir existé dans les faunes et dans les flores primaires. Alors la population du globe ne comprenait non plus aucune espèce de poissons téléostéens tels que les acanthoptérygiens, les malacoptérygiens ou les ostéodermes, qui sont devenus au contraire si communs et si variés durant les derniers temps de là période jurassique et ont conservé leur prépondérance jusqu'à l'époque actuelle.

On constate qu'il y a eu une gradation dans l'apparition des êtres vivants, et que, pour chaque grand groupe, ce sont les ordres les moins parfaits, et, pour chaque famille, les genres ou les espèces les moins bien doués quant à leur structure anatomique, qui se sont montrés les premiers; de telle sorte que, pour les divisions naturelles qui ne se sont pas éteintes avant d'arriver à l'époque actuelle, l'organisme a subi, dans la plupart des cas, une évolution progressive régulière. Il en résulte que, pour chacune des principales d'entre elles, les formes organisées les plus perfectionnées sont plus particulièrement propres aux derniers âges de la nature, et spécialement à l'époque récente. Mais il a existé depuis les plus anciennes formations, dès la formation cambrienne, par exemple, une nombreuse série d'espèces appartenant à l'un et à l'autre règne. Les dépôts siluriens en fournissent une diversité plus grande encore. Ainsi, pour ne parler que des animaux, on constate la présence, parmi les fossiles propres aux dépôts constituant ce terrain, de forammifères, de polypiers appartenant à des groupes très-différents les uns des autres, d'échinodermes de diverses familles, de crustacés, parmi lesquels il faut signaler plusieurs centaines de trilobites, d'annélides, de brachiopodes, également très-multipliés comme espèces et comme genres, de conchifères ou lamellibranches, de gastéropodes, de céphalopodes, parmi lesquels les nautilidés du genre orthocère jouent un rôle considérable, et enfin de poissons; toutes classes encore aujourd'hui représentées par des espèces plus ou moins nombreuses. En 1868, lorsqu'on en a fait le recensement, le nombre total des espèces siluriennes, plantes et animaux, était déjà de 8897, et, depuis lors, il s'est élevé à un chiffre encore supérieur.

Les formes animales se sont donc modifiées dans le cours des temps géologiques, et, pendant que certaines espèces et certains genres s'éteignaient, d'autres apparaissaient, et cela conformément à la loi d'évolution à laquelle la création a été soumise dès le principe; mais ce n'est que par les fossiles, c'est-à-dire par les parties pétrifiées et conservées dans le sol, laissées par les anciens animaux et les anciens végétaux, que nous pouvons juger de ces transformations, et si, dans la plupart des cas, le changement est évident, on constate ailleurs que des genres se sont maintenus depuis les époques les plus anciennes jusqu'à nous, en conservant leurs caractères fondamentaux. C'est en particulier ce que nous observons pour diverses fougères qui montrent déjà pendant la période carbonifère des caractères à peu près semblables à ceux que nous leur reconnaissons dans la nature actuelle, et pour diverses térébratules, sorte de coquilles de la classe des brachiopodes, qui n'ont également subi dans leur conformation que des modifications fort légères.

L'examen des fossiles des deux règnes, combiné avec les données que nous fournissent la superposition des strates constituant les différentes roches sédimentaires et les conditions d'horizontalité de ces dernières ou leur inclinaison, enfin la notion de l'époque du soulèvement de ces roches et celle de la formation des montagnes, ont conduit les géologues à des remarques importantes qui leur ont permis d'établir les états successifs par lesquels le globe terrestre a passé depuis que son écorce s'est solidifiée et qu'elle s'est accrue par le dépôt des roches qui la composent. Ces états successifs répondent à ce que Buffon appelait les époques de la nature. On apprend en même temps à connaître les animaux et les végétaux qui ont successivement apparu à la surface du globe, et on les compare à ceux qui vivent maintenant.

La notion des phénomènes qui s'accomplissent sous l'influence des causes actuelles jette une vive lumière sur l'explication des grands changements qui se sont accomplis aux époques antérieures. C'est ce que nous constaterons de nouveau en passant successivement en revue les grandes formations géologiques, ainsi que les fossiles, laissés par les êtres contemporains de chacune d'elles, qui servent à les caractériser.

Soulèvements. — On a vu précédemment que certaines roches avaient été soulevées pendant la durée des temps géologiques et que d'autres s'étaient affaissées (fig. 4-6). Ces changements de niveau sont la cause principale de la formation des montagnes, et, si l'on réussit à constater l'époque à laquelle ils ont eu lieu, il devient aisé de dire quel est l'âge respectif des différentes chaînes.

Un géologue français, Élie de Beaumont, que la science a perdu en 1874, a réuni dans un travail important la plupart des documents relatifs à cette intéressante question et il a donné la classification des différents systèmes de soulèvement, en indiquant suivant quel ordre ils se sont succédé. Nous ne rappellerons ici que les principaux soulèvements, et en prenant principalement pour exemples ceux qui ont le plus contribué à donner à la France son relief actuel.

Ils appartiennent aux systèmes suivants :

1° *Système de la Vendée.* — Il a relevé des couches de schistes et de micaschistes antérieures au terrain cambrien.

2° *Système du Morbihan.* — Il a déplacé les schistes et les gneiss antérieurement aux dépôts siluriens.

3° *Système des ballons des Vosges.* — Est intermédiaire aux dépôts devoniens et aux dépôts carbonifères.

4° *Système du Morvan.* — S'est produit entre le dépôt des marnes irisées et celui des grès infra-liasiques.

5° *Système du mont Pila et de la Côte-d'Or.* — Intermédiaire aux dépôts jurassiques et aux dépôts crétacés.

6° *Système du mont Viso.* — Antérieur à la formation crétacée supérieure ; il n'a relevé que la série des couches crétacées les plus anciennes, entre autres celles dites néocomiennes.

Le mont Viso appartient aux Alpes maritimes.

7° *Système des Pyrénées.* — A fait émerger l'ensemble des bancs crétacés de la région pyrénéenne et s'est par conséquent opéré entre les époques crétacée supérieure et tertiaire inférieure.

C'est alors que les Pyrénées se sont principalement formées.

8° *Système des îles de Corse et de Sardaigne.* — Contemporain des formations miocènes inférieures, telles que le grès de Fontainebleau.

9° *Système du Sancerrois.* — Soulèvement postérieur au

dépôt des calcaires lacustres supérieurs du bassin de Paris, mais antérieur à celui des faluns.

L'Erymanthe, en Grèce, est de la même époque que le soulèvement du Sancerrois.

10° *Système des Alpes occidentales.* — Dû à une éruption de granite qui a produit le mont Blanc et d'autres montagnes très-élevées des Alpes.

Ce soulèvement s'est accompli vers le milieu de la période tertiaire.

11° *Système des Alpes principales.* — Postérieur à la formation des dépôts tertiaires supérieurs et à celle des couches diluviennes souvent appelées quaternaires.

Beaucoup d'autres systèmes de soulèvement devraient être indiqués, si nous passions en revue, sous le même rapport, les autres parties du monde; mais il convient de faire remarquer que la direction et la date géologique n'en ont pas toujours été établies d'une manière complète; en Europe même, il reste encore beaucoup à faire, relativement à ce point des théories géologiques, qui implique la connaissance des faits si différents les uns des autres.

Parmi les soulèvements qui ont produit hors de notre continent les effets les plus puissants, il faut citer celui qui a donné lieu en Amérique à la chaîne des Andes, laquelle parcourt dans le sens du méridien la plus grande partie de l'Amérique du Sud.

Cette immense dislocation du sol est, géologiquement parlant, d'une date peu ancienne, et elle se place à peu de distance de celle dite du Ténare, en Grèce, qui répond à l'apparition des volcans actuels ou récemment éteints. On suppose qu'elle a été une des principales causes de la destruction des grandes espèces de quadrupèdes qui vivaient alors dans les régions chaudes de l'Amérique.

DES TERRAINS DE SÉDIMENTS.

Classification générale des terrains. —Sur les différents points de la surface du globe, le sol résulte de terrains qui peuvent être, les uns d'origine ignée et dus au refroidissement de matériaux empruntés à la masse primitivement incandescente et fluide dont notre planète a été d'abord formée, les autres, au contraire, déposés sous les eaux par voie de sédiment, et ces terrains, qu'ils soient d'origine plutonienne ou d'origine neptunienne, remontent à des époques très-différentes les unes des autres. La recherche de leur ancienneté relative constitue un des grands problèmes de la géologie. On a recours, pour répondre aux questions qui s'y rattachent, à l'ordre de superposition des terrains eux-mêmes, ainsi qu'aux autres sources d'indications que nous avons déjà signalées.

En première ligne se place l'ordre de superposition de ces mêmes terrains, ce qui constitue l'étude de leur stratigraphie et aide à en reconnaître l'âge, puisqu'il n'est pas douteux que les plus anciens ne soient nécessairement placés au-dessous de ceux qui se sont déposés ensuite.

On tire d'autre part des renseignements chronologiques non moins précis de l'étude des changements que ces terrains ont subis dans leur position, laquelle était primitivement horizontal.e Les soulèvements ou les affaissements qu'ils ont éprouvés sont la principale cause de ces changements, et ils ont produit l'inclinaison plus ou moins grande des couches sédimentaires et par suite leur discordance.

La comparaison des fossiles que chaque terrain renferme avec ceux des terrains placés au-dessous ou au-dessus de lui ou encore à une certaine distance est aussi d'un grand secours, puisqu'elle permet d'établir des divisions parmi les terrains eux-mêmes et de les classer par groupes dont les affinités sont déterminées par les ressemblances plus ou moins grandes que les flores et les faunes dont ils ont enfoui les débris offrent entre elles. La nature des fossiles nous fait d'ailleurs connaître le mode de formation des terrains suivant qu'ils proviennent : 1º d'espèces exclusivement terrestres ou propres aux eaux douces, ce qui indique que les dépôts dont il s'agit ont eu lieu en dehors de l'action de la mer; 2º d'un mélange d'espèces terrestres ou fluviatiles avec des espèces marines, ce qui est le cas des dépôts littoraux, ou 3º d'espèces exclusivement marines, d'où l'on peut en général conclure que les choses se passaient au large et par conséquent en pleine mer. A ce titre, l'exploration du fond des mers actuelles, exploration à laquelle les naturalistes ont commencé à se livrer avec un soin tout spécial, et les études entreprises dans les grands lacs en vue de recherches analogues, sont appelées à jeter un jour nouveau sur la manière dont les anciens dépôts sédimentaires se sont accomplis, en nous montrant comment se forment ceux qui ont lieu maintenant. La nature calcaire, argileuse, gréseuse, etc., des roches, est bien éloignée de fournir des données aussi utiles, puisque chaque époque peut avoir eu des roches de ces diverses sortes, suivant le point d'où venaient les matériaux inorganiques mis en œuvre, tandis que les êtres vivants s'étant successivement modifiés, leurs fossiles, qu'on a comparés avec raison à des médailles, sont nécessairement différents pour chacune d'elles.

On arrive, au moyen des observations que nous venons de rappeler, à établir des catégories diverses parmi les terrains de sédiment, et à reconnaître non-seulement dans quelles circonstances ils se sont formés, mais aussi l'époque relative de leur formation, et, par leur propre épaisseur ou par leur étendue, la durée probable du temps pendant lequel s'est opéré leur dépôt et quelles surfaces couvraient les eaux, aux sédiments desquelles ils sont dus. Ces indications ne comportent pas seulement l'examen de la partie des terrains qui affleurent à la surface du sol, par suite de l'obliquité des couches ou de leur mode de disposition; on les complète en observant les failles et les dislocations que les mêmes couches ont subies ailleurs, ou les coupes tantôt naturelles, tantôt artificielles et dues aux travaux de l'homme, qui existent dans beaucoup de localités. Les sondages entrepris pour les besoins de l'industrie, principalement lorsqu'il s'agit de la recherche des gisements de houille ou de l'établissement des puits artésiens, conduisent à des résultats analogues, dont la science sait également faire son profit. Alors, on peut, en combinant ces documents entre eux, dresser la carte géologique du globe ou celle de ses principaux points aux diverses époques de son évolution. Quelques régions sont même aussi bien connues dans leurs anciens âges que pour l'époque actuelle.

Ces intéressantes études, entreprises d'abord en Europe, et plus récemment sur tous les points du globe où les hommes de race européenne ont pénétré et où ils ont commencé des recherches scientifiques, a conduit aux résultats les plus concluants, et chaque jour la géologie acquiert, grâce à elles, un nouveau degré de certitude. Cette science devient ainsi l'histoire véritable de la terre, dont elle n'était d'abord que le roman et sa certitude s'accroît constamment.

Entre les roches d'origine ignée, qui forment comme le squelette du globe et en enveloppent immédiatement la partie centrale, et les terrains stratifiés, dont les assises diverses ont conservé leurs fossiles, ce qui permet de se faire une idée plus ou moins exacte des flores et des faunes qui existaient lorsque ces terrains se sont produits, prennent place d'immenses dépôts dont l'épaisseur est évaluée, par endroits, à dix mille mètres environ.

Ils répondent à l'époque appelée *laurentienne*, dont le nom est tiré de celui du fleuve Saint-Laurent, au Canada, et ont été métamorphisés, c'est-à-dire altérés et rendus pour ainsi dire cristallins par l'action du feu central. On n'y retrouve pas de débris organiques, ce qui les fait ranger parmi les roches azoïques. Toutefois c'est dans les terrains laurentiens que se rencontrent les gisements de l'éozoon, cette singulière substance, regardée par les uns comme étant d'origine purement minérale, et par les autres comme une sorte de têt provenant d'animalcules comparables à des foraminifères agrégés. Il a été aussi signalé des éozoons en Europe, particulièrement en Bohême. A cette époque, les mers devaient posséder une température bien supérieure à celle qu'elles ont eue depuis; mais cela n'exclut pas la possibilité qu'elles aient nourri des êtres organisés, puisque certains végétaux cellulaires aquatiques prospèrent dans des eaux à $+ 95^\circ$ c., et que des conferves, des infusoires, voire même des larves d'insectes, peuvent supporter une température de $+ 60$ à 65°. La présence de substances charbonneuses et bitumineuses dans ces dépôts peut également être invoquée en faveur de l'opinion qui admet l'existence d'êtres organisés particuliers à l'époque pendant laquelle ils se sont déposés.

Au-dessus des terrains laurentiens se montrent les roches fossilifères proprement dites, dont le nombre est considérable et qui se partagent en une succession d'étages, que l'on a réussi à suivre dans leur superposition, depuis les plus anciennement déposées jusqu'à ceux qui se forment encore à présent. Leur classification a été établie de manière à en exprimer à la fois l'ordre chronologique et la nature fluviatile ou marine, de telle sorte que les différents systèmes de roches attribués à ces grandes divisions stratigraphiques comprennent chacun l'ensemble des dépôts les plus semblables entre eux par leurs fossiles ainsi que par les autres caractères qu'il est possible de leur reconnaître. C'est pour ainsi dire l'application des principes de la méthode naturelle à la géologie.

On distingue trois grands groupes de terrains stratifiés ayant conservé leurs fossiles, et chacun d'eux répond à une des principales phases de la vie du globe envisagé dans la partie superficielle et sédimentaire de son écorce. Ce sont : 1º les terrains de sédiments anciens ou primaires ; 2º les terrains de sédiments moyens ou secondaires ; et 3º les terrains de sédiments supérieurs ou tertiaires, dont une partie, celle qui répond aux temps les moins éloignés de l'époque actuelle, reçoit quelquefois la dénomination, assez mal choisie d'ailleurs, de terrains quaternaires.

I. Les **terrains de sédiments anciens** ou *primaires* se rattachent plus ou moins par leurs couches les plus inférieures avec certains terrains primitifs [1] plus anciens encore et toujours métamorphiques, dont le système laurentien nous a fourni un exemple ; ils ont aussi été appelés *paléozoïques*, parce qu'ils renferment les premiers débris bien constatés d'animaux. On les partage en deux groupes :

1º Ceux du *système de transition*, qui sont inférieurs aux autres et ont été divisés en *cambrien, silurien* et *dévonien ;*

2º Ceux du *système carbonifère*, parmi lesquels prennent place les *grès houillers*, la *houille* ou charbon de terre et le *permien*.

II. Les **terrains de sédiments moyens** ou *secondaires* sont parfois appelés *mésozoïques*, parce que les animaux et les autres corps organisés qui en ont fourni les fossiles ont vécu intermédiairement aux espèces dites paléozoïques et à celles qui s'observent dans les terrains tertiaires ou sont propres à l'époque actuelle. Il y a trois systèmes bien distincts de terrains secondaires :

1º Le *système triasique* ou du trias, comprenant les *marnes irisées*, aussi appelées keuper, le *calcaire conchylien* ou muschelkalk et le *grès bigarré ;*

2º Le *système jurassique*, partagé en *lias, oolithe* et *wealdien*, formations dont les deux premières comprennent elles-mêmes plusieurs membres chacune;

3º Le *système crétacé*, dont le néocomien, les grès verts et la craie constituent les divisions principales.

III. Les **terrains de sédiment supérieurs** ou *tertiaires* qu'on peut aussi appeler néozoïques constituent également plusieurs systèmes distincts. On a proposé de les diviser ainsi qu'il suit :

1. La dénomination de *terrains primaires* ne doit pas être confondue avec celle de *terrains primitifs* s'appliquant exclusivement aux terrains formés de matières cristallines, c'est-à-dire d'origine ignée ou plutonique.

1º Le *système orthrocène* ou des assises tertiaires les plus inférieures, telles que les lignites du Soissonnais et le conglomérat de Meudon ;

2º Le *système éocène*, dont les sables du Soissonnais et le calcaire grossier parisien font partie ;

3º Le *système proïcène*, représenté dans le bassin de Paris par les dépôts gypseux et les marnes qui en dépendent ;

4º Le *système miocène*, dont le *pliocène*, qui vient ensuite, n'est pas toujours facile à séparer ;

5º Le *système pléistocène*, qui répond aux terrains de sédiment appelés *quaternaires* par quelques auteurs et *diliviens* par d'autres ;

6º Le *système holocène* qui est le plus récent de tous, ainsi que son nom l'indique. Il se rattache aux phénomènes géologiques qui s'accomplissent actuellement ou qui ont continué à s'accomplir postérieurement au dépôt des terrains tertiaires proprement dits ainsi qu'à celui des terrains dits quaternaires.

Quelques détails relatifs à chacun de ces systèmes, depuis ceux de la grande formation primaire jusqu'aux tertiaires les plus récents, vont nous montrer l'intérêt scientifique qui se rattache à leur étude et nous faire connaître les principales substances utiles que l'on tire de chacun d'eux ainsi que les plus remarquables des animaux et des végétaux qui vivaient lorsqu'ils se sont déposés.

TERRAINS DE SÉDIMENTS PRIMAIRES OU TERRAINS ANCIENS.

Les plus anciens ont été appelés cambriens, siluriens et dévoniens.

Cambrien. — L'ensemble des roches ainsi nommées tire son nom de celui de la Cambrie ou pays de Galles. Il s'en rencontre aussi en France, en Bohême, ainsi que dans d'autres parties de l'Europe et dans l'Amérique septentrionale. On les a quelquefois réunies au système silurien, qui leur est cependant supérieur ; dans d'autres cas, on les a au contraire confondues avec les dépôts dits azoïques.

Ils renferment des trilobites, sortes de crustacés édriophthalmes à corps trilobé ; une espèce d'annelides, le *Nereites cambrensis ;* des échinodermes pédiculés de la famille des encrines, qui sont de plusieurs genres ; des céphalopodes de la division des nautilidés et de celle des goniatites (fig. 47); des mollusques appartenant à d'autres classes que celle-là ;

des brachiopodes; divers polypiers, au nombre desquels figurent les graptolithes et les oldhamies, enfin des animaux de quelques autres groupes; mais il n'y a aucun représentant de l'embranchement des vertébrés et aucune espèce d'insectes n'y a encore été observée; il semble aussi qu'il n'existait point alors d'animaux aériens. Quant aux végétaux, tous ceux que l'on connaît rentrent dans la division des thallophytes ou algues, et constituent des familles propres à cette époque.

Les terrains cambriens sont de nature schisteuse, gréseuse ou calcaire. Parmi ceux qui appartiennent à la dernière de ces catégories, il faut citer des marbres pétris

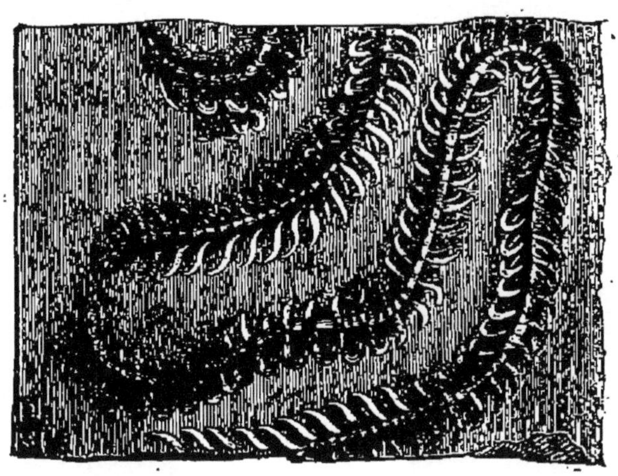

FIG. 41. — Nereites cambrensis.

d'entroques ou de débris d'encrines, dont on tire un bon parti dans l'ornementation.

Silurien. — Ainsi que nous avons déjà eu l'occasion de le faire remarquer, la formation silurienne est bien plus riche en espèces animales que la formation cambrienne, mais sa faune est pour ainsi dire une extension de celle propre à cette dernière. Les trilobites (fig. 42 à 44 continuent à y abonder; on y trouve des pterygotus (fig. 45), les céphalopodes de la famille des nautiles ou les orthocères (fig. 46) et autres, les goniatites (fig. 47) y sont plus variés encore; les brachiopodes se sont enrichis de plusieurs genres remarquables, et il y a une grande variété de polypes à polypiers (fig. 48), parmi lesquels nous citerons le *Favosites gothlandica.*

Cependant la flore conserve son caractère d'infériorité, et l'on n'y observe encore que des algues marines, ce qui

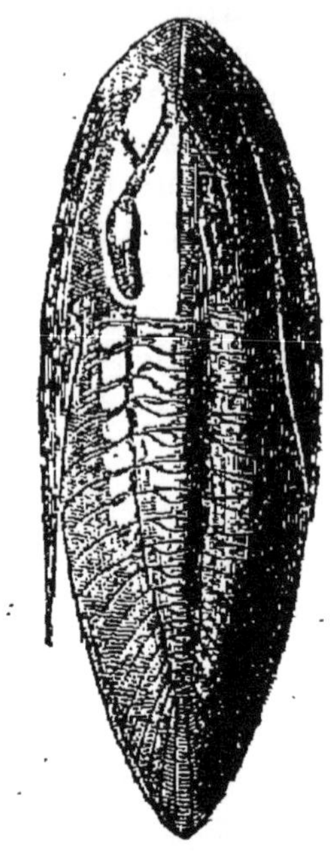

FIG. 43. — Ogygia Desmarestii

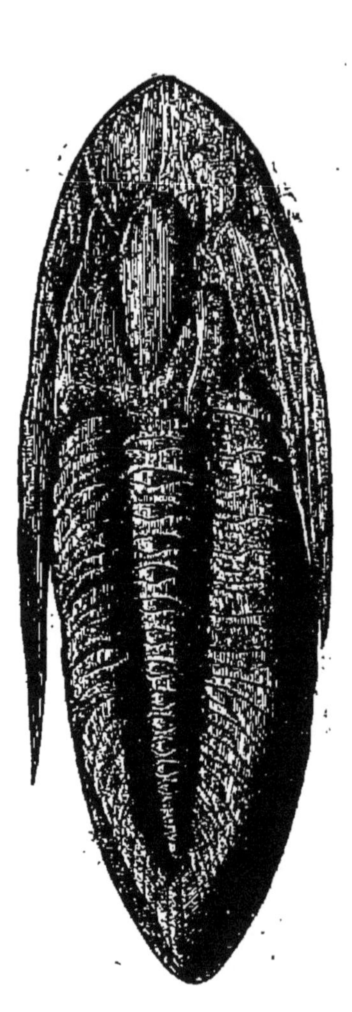

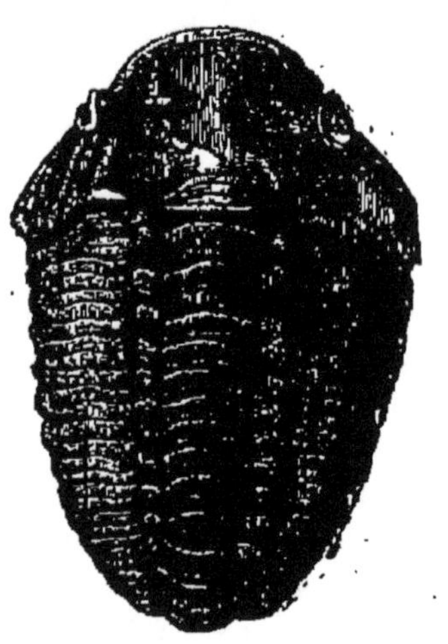

FIG. 42. — Ogygia Gueltardi.   FIG. 44.—Calymene Blumenbachii.

est aussi le cas pour la partie inférieure des terrains devoniens, dont nous parlerons tout à l'heure. Les dépôts charbonneux, contenus dans les schistes aluminifères de la

Scandinavie, peuvent être attribués à des végétaux marins,

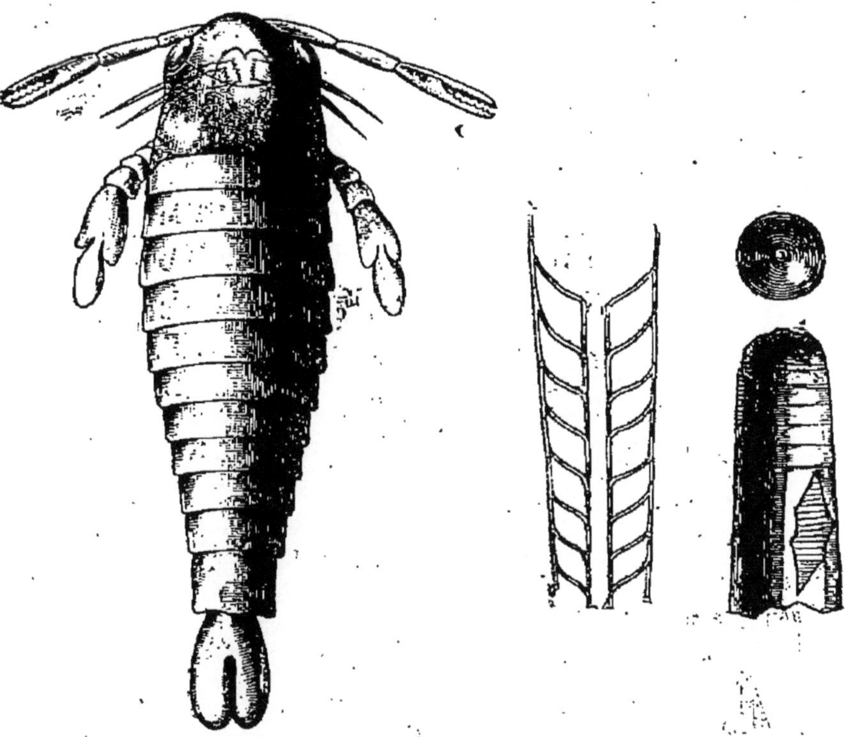

FIG. 45. — Pterygotus bilobus. | FIG. 46. — Orthoceras gregarium *.

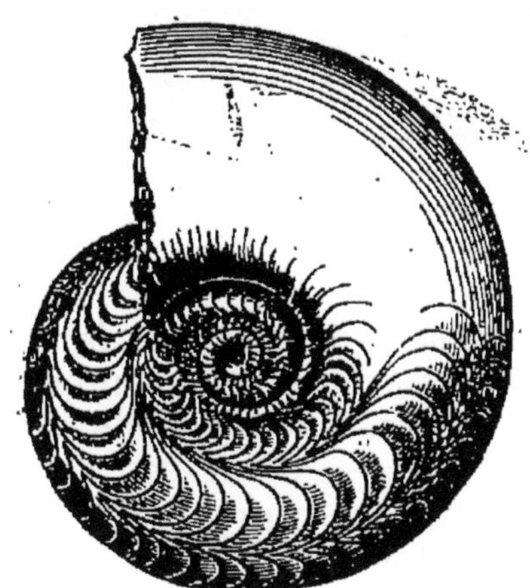

FIG. 47. — Goniatites Hœningausii.

sans doute différents de ceux-là, qui se seraient entassés

* Cloisons et siphon.

sous les eaux, et l'on a quelquefois attribué la même origine au graphite qui est aussi une variété de charbon. Au contraire, les progrès de l'animalité sont sensibles pendant l'époque silurienne, et les mers ont alors possédé des poissons de plusieurs genres. Ceux-ci avaient le corps cuirassé, et leurs formes étaient si bizarres, qu'on les a d'abord pris pour des crustacés; ce sont les céphalaspis, les coccostéus et d'autres encore dont la place paraît marquée dans l'ordre auquel appartiennent les esturgeons. Il semble d'ailleurs qu'à cette époque il n'existât encore aucun animal aérien,

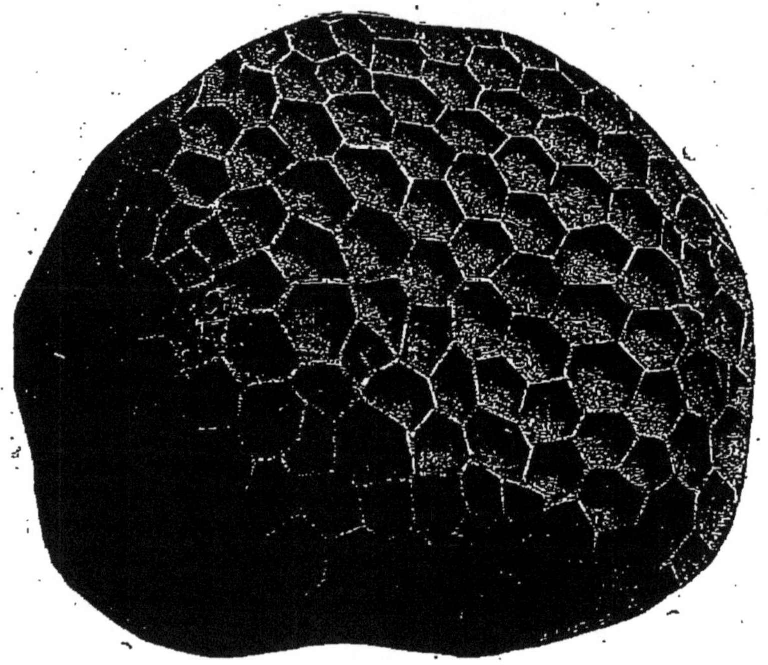

Fig. 48. — Favosites gothlandica.

ce qui tendrait à faire supposer que, pendant la période silurienne comme pendant la période cambrienne, les conditions atmosphériques étaient différentes de ce qu'elles ont été ensuite.

Envisagés au point de vue pétrographique, les dépôts siluriens sont principalement constitués par des schistes, des calcaires et des grès, ce qui leur donne une physionomie peu différente de ceux du cambrien. On en signale dans plusieurs parties de notre hémisphère. C'est aux schistes de cette époque qu'appartiennent les ardoisières à graptolites et à tribolites d'Angers, dont l'exploitation a une importance considérable.

Dévonien. — Les terrains de ce groupe, dont le nom est tiré de celui du Devonshire, ou comté de Devon, dans lequel ils ont été primitivement reconnus, occupent de grandes surfaces en Angleterre, en France, en Allemagne, en Bohême, en Russie, etc.

La population des mers, sous lesquelles ils se sont en grande partie déposés, y prend bientôt un caractère plus relevé que celui indiqué par les fossiles des dépôts précédents. Ainsi on y trouve des cryptogames vasculaires, particulièrement des fougères. Les végétaux phanérogames commencent à s'y montrer, mais pour n'y être représentés, comme cela aura lieu encore pendant longtemps, que par des gymnospermes, c'est-à-dire des conifères et des cycadées ; les angiospermes ou végétaux monocotylédones et dicotylédones ne devant se montrer que plus tard. Cependant on y a reconnu des traces d'un vertébré aérien, le télerpéton du devonien d'Elgin, en Écosse (*T. elginense*), qui paraît appartenir à la classe des batraciens.

Les poissons fournissent d'ailleurs de nouvelles espèces de la famille des cuirassés (céphalaspis, coccostéus, holoptychius, etc.); il y a des rhombifères des genres mégalichthys, diptérus et autres; des cyclifères, tels que les glyptolépis, les dendrodus, les psammostéus, etc., et des plagiostomes de plusieurs genres : ce qui constitue un ensemble bien plus varié que celui des poissons siluriens, et auquel il ne manque que les poissons téléostéens, c'est-à-dire les squamifères et les ostéodermes; ainsi qu'un petit nombre des autres types ichthyologiques actuels pour compléter cette classe de vertébrés. D'autre part, les animaux sans vertèbres continuent à appartenir aux différents groupes des trilobites, des céphalopodes nautililidés, goniatites, et clymènes, aux gastéropodes, aux lamellibranches, aux brachiopodes, parmi lesquels se font remarquer des spirifères, des productus, des calcéoles; il y a aussi de nombreuses encrines et une série assez variée de polypes à polypiers, les uns tabulés, les autres rugueux. Quelques autres groupes d'invertébrés sont également représentés dans la faune devonienne, mais on n'y a jusqu'à ce jour rencontré aucun invertébré aérien; le nombre des espèces connues dans cet étage est d'ailleurs moindre que celui des espèces siluriennes.

Parmi les terrains de la même époque, il faut citer les

grauwackes de l'Allemagne et le groupe dit de l'Eifel, propre au même pays, ainsi que le vieux grès rouge (*old red sandstone*) d'Angleterre. En France, ce sont des calcaires, des argiles ou des grès qui les représentent; ils existent dans le Boulonnais, en Normandie, en Bretagne, ainsi que dans le bas Languedoc, à Neffiès, localité peu éloignée de Béziers.

Terrain carbonifère. — Avec les dépôts carbonifères, dont la houille fait partie, commence une nouvelle ère, où, pour parler plus exactement, un progrès nouveau s'accomplit. La flore est plus variée et elle est formée de types moins imparfaits que dans les époques précédentes. L'évolution du règne végétal s'accentue de son côté par l'apparition de nouvelles formes de cryptogames acrogènes. Les gymnospermes, qui paraissent avoir commencé dans le cours de l'époque devonienne, sont plus variés, et les angiospermes sont représentés par quelques monocotylédones, les dicotylédones manquant seuls à cette flore. Parmi ces végétaux, beaucoup sont terrestres, ou propres aux immenses marécages dont le sol était en partie recouvert. La mer possède encore des thallophytes comme dans les âges qui précèdent. Il existe des animaux à respiration aérienne fournis par plusieurs classes et dont les plus parfaits ont encore un degré de supériorité sur le télerpéton du devonien, puisqu'ils appartiennent à l'ordre des sauriens. La classe des batraciens fournit d'ailleurs des types remarquables, entre autres le genre des archégosaures (fig. 49); enfin les poissons appartiennent à un plus grand nombre de groupes. Cependant on n'observe encore parmi eux aucun téléostéen, c'est-à-dire aucune espèce de la grande division des poissons osseux. Voilà quels étaient les vertébrés propres à ces temps reculés.

Quant aux animaux sans vertèbres, ils produisent aussi quelques formes nouvelles, et en particulier des espèces à respiration aérienne, telles que des insectes, des myriapodes ou des arachnides, celles-ci voisines des scorpions. Les mollusques terrestres sont représentés, comme de nos jours, par des gastéropodes pulmonés, et les espèces en sont peu différentes de certains bulimes actuels.

Il y a aussi des espèces lacustres appartenant au même embranchement et en particulier des lamellibranches de la famille des mulettes. Quant aux invertébrés marins ou d'eau saumâtre, le nombre en est devenu considérable, mais sans égaler toutefois celui des espèces siluriennes;

et, chose remarquable, ils sont en général peu différents

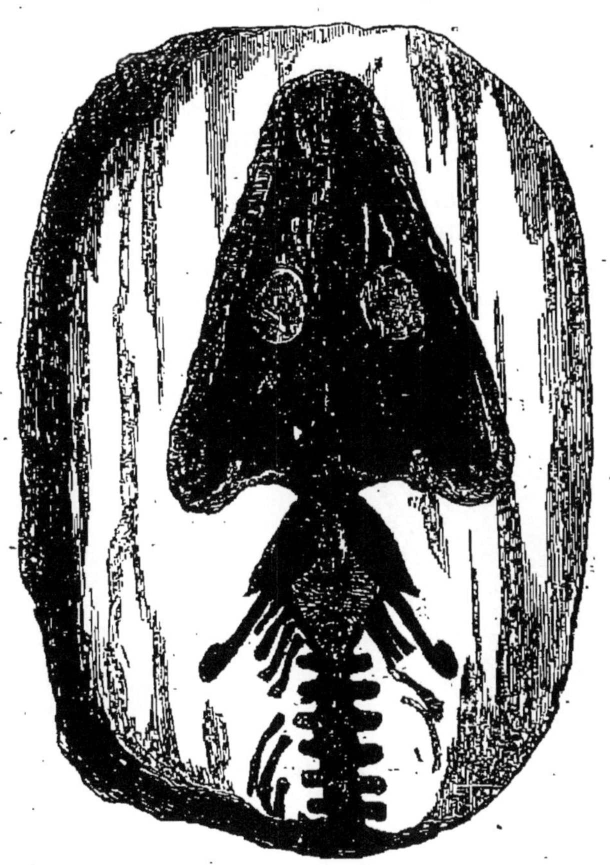

FIG. 49. — Archégosaure *.

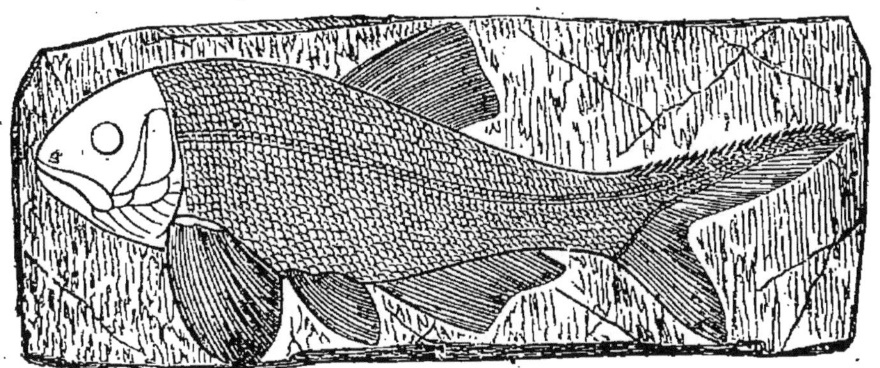

FIG. 50. — Amblypterus macropterus.

de ces dernières, ce qui montre que la série des temps

* Tête et partie antérieure du tronc.

primaires ou paléozoïques n'est point encore terminée au moment dont nous parlons. Les invertébrés aquatiques sont des trilobites, des nautilites dont les formes sont habituellement différentes de celles des véritables nautiles, et des goniatites ou céphalopodes à cloisons anguleuses. Les bellérophes, coquilles de forme ampullacée, que l'on a quelquefois regardées comme ayant appartenu à des céphalopodes, et considérées comme représentant la fausse coquille des argonautes, c'est-à-dire leur nid calcaire ; différents genres de gastéropodes et de lamellibranches ; des brachiopodes, parmi lesquels on reconnaît, outre des productus (fig. 51), des spirifères et d'autres genres anciens, des térébratules et des lingules, dont il existe au contraire des représentants dans les mers actuelles ; enfin quelques

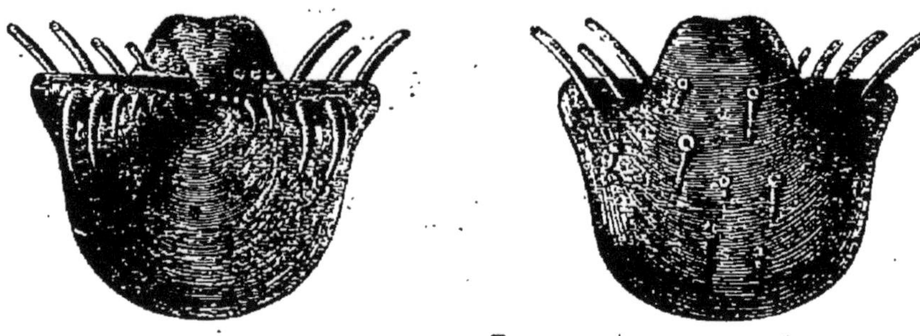

FIG. 51. — Productus horridus *.

échinides ou échinodermes de la famille des oursins, et des crinoïdes qui constituent d'autres formes d'échinodermes ; ils sont ici de genres assez variés, et l'on observe également un certain nombre de polypes à polypiers ainsi que différents animaux moins caractéristiques que ceux-là.

Les terrains de la période carbonifère sont de nature diverse, et il s'en trouve sur des points du globe très-éloignés les uns des autres. Les plus inférieurs, qui sont principalement des grès et des calcaires, renferment peu de dépôts charbonneux ; les moyens en possèdent au contraire de nombreuses strates ou lits que l'on exploite sous le nom de houille, et les assises supérieures considérées, mais à tort, par divers auteurs comme constituant un système à part, fournissent par endroits, comme à Lodève, dans le département de l'Hérault, des ardoises ou, comme à Muse,

* De l'étage permien.

près Autun (Saône), des schistes bitumineux et pétroli-
fères. Ces dépôts supérieurs de la série carbonifère ont
reçu le nom de terrains permiens.

On trouve à Lodève dix-neuf espèces de végétaux fossiles, savoir : treize fougères, une gymnosperme de la
famille des astérophyllitées (l'*Annularia floribunda*) et
cinq conifères, tous les cinq du genre *Walchia* (fig. 54).
On y a aussi rencontré un reptile, le plus ancien de ceux
qu'on ait encore observés en France, et qui a reçu le nom
d'*Aphelosaurus lutevensis*.

Muse a fourni de son côté des débris de batraciens, par

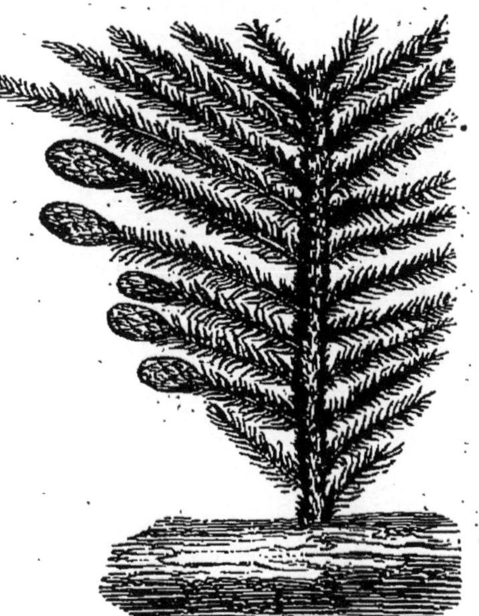

FIG. 52. — Walchia hypnoïdes.

Fig. 53. — Annularia brevifolia.

exemple ceux de l'*Actinodon*, qui paraît bien voisin de
l'*Archegosaurus latirostris*, si même il en diffère. On y a
découvert plus récemment de petits animaux de la même
classe qui ont été décrits sous le nom de protritons, comme
constituant un genre particulier de la famille des sala-
mandres.

Le terrain permien est aussi appelé dyas par divers auteurs, et zeischtein par les Allemands ; c'est le magnesian
limestone des Anglais. Son nom est tiré de celui du gou-
vernement de Perm, en Russie, où il occupe une étendue
considérable.

Ce qui donne surtout aux terrains carbonifères un in-

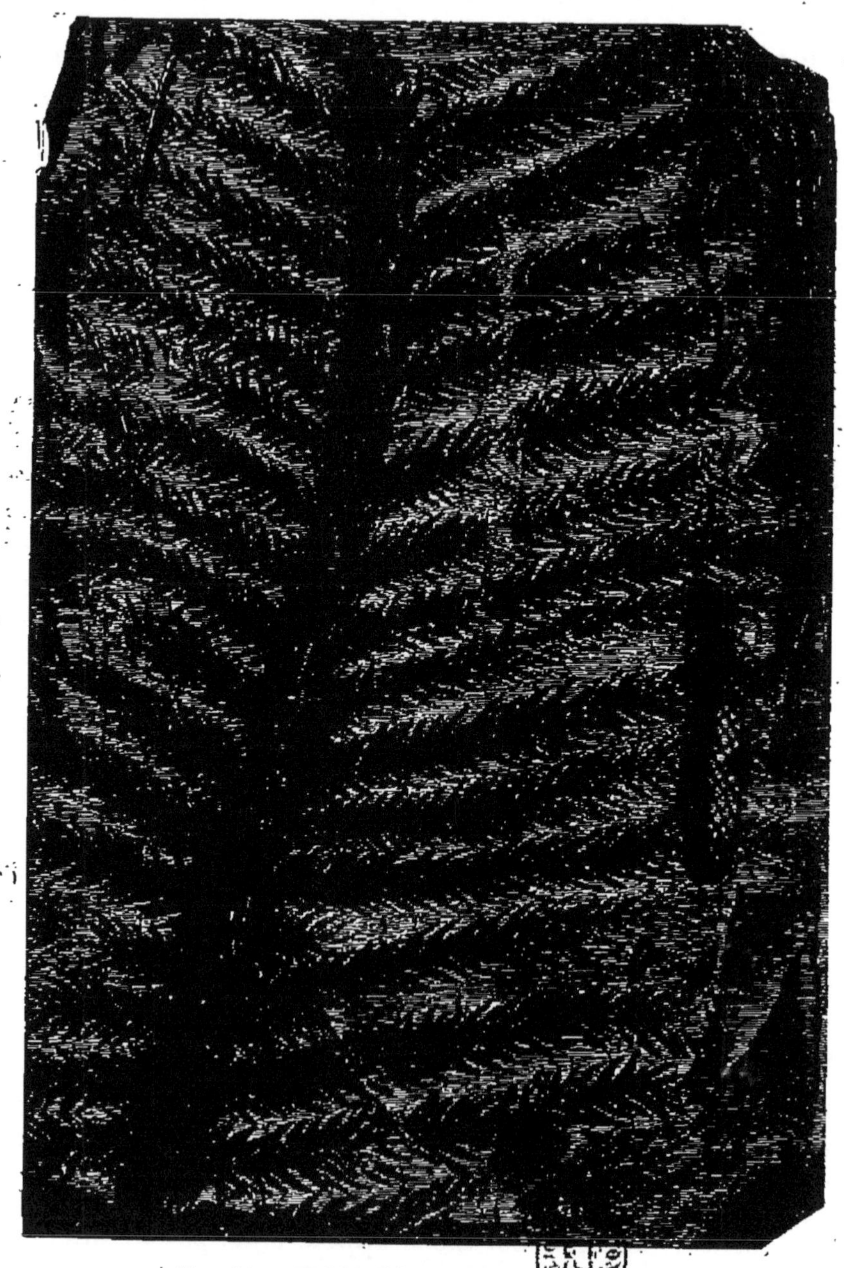

FIG. 54. — Valchia (des ardoisières de Lodève).

térêt exceptionnel, ce sont les couches charbonneuses, con-

stituant la houille, qui se rencontrent dans sa partie moyenne.
Elles se sont formées, comme se forment encore aujour-
d'hui les couches charbonneuses constituant les tourbières,
par l'accumulation en immense quantité des végétaux qui
se développaient sous l'influence de la chaleur humide de
l'atmosphère. Alors l'uniformité de la température était telle
que, depuis les régions polaires jusqu'à l'équateur, le climat
était le même et les espèces vivantes identiques entre elles.

FIG. 55. — Sigillaria (tronc).

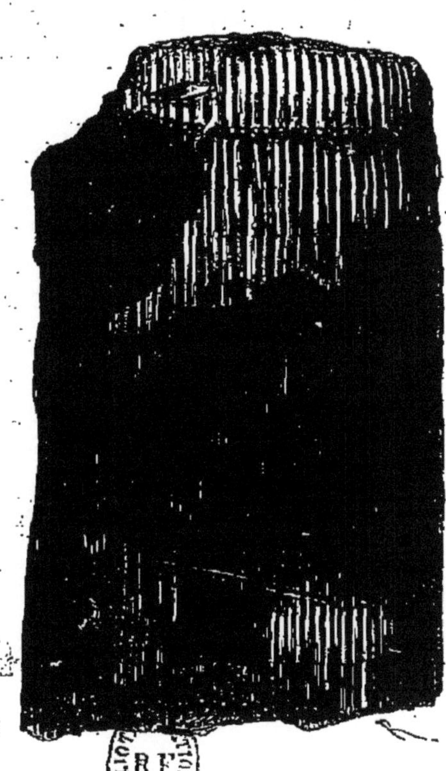

FIG. 56. — Calamites Suckovii (tronc).

On utilise depuis fort longtemps ce charbon minéral, mais l'exploitation en a pris depuis le commencement de ce siècle une extension considérable et l'industrie
en fait un emploi journalier. La chaleur produite par la
combustion du charbon de terre dépasse notablement celle
du bois, et là où le minerai à exploiter, l'oxyde ou le sulfure de fer par exemple, se rencontre à proximité des gîtes
du combustible, il y a une économie considérable dans la dé-
pense et un accroissement proportionnel dans la production;
c'est ce qui se trouve particulièrement réalisé pour cer-

taines mines de l'Angleterre et de l'Irlande, ainsi que pour celles d'Alais et de Saint-Étienne, en France.

La navigation a également profité de l'emploi de la houille ou charbon de terre comme combustible, et elle est indispensable aux chemins de fer ainsi qu'à l'économie domestique. En outre, c'est du charbon de terre que nous tirons le gaz d'éclairage, et les résidus de cette fabrication ne sont pas moins utiles puisque nous en obtenons le coke, et, par l'épuration des principes hydrogénés oléiformes qui en proviennent, des matières colorantes

Fig. 57. — Odontopteris Schlotheimii.

ou des substances utiles à l'éclairage dont l'emploi est maintenant devenu général.

On trouve des dépôts de houille sur un grand nombre de points du globe; beaucoup sont déjà depuis assez longtemps en cours d'exploitation, et l'utilisation de la plupart des autres a commencé.

En France, les principaux gisements de houille sont Graissessac (Hérault), Alais (Gard), Aubain et de Cazeville (Aveyron), Saint-Étienne et Rive-de-Gier (Loire), Valenciennes (Nord).

La Belgique en possède à Charleroi, à Mons, à Liége,

Fig. 58. — Tronc et frondes de Lepidodendron de l'époque houillière restaurés

etc. Il en existe également en Angleterre, et ils y sont aussi d'une grande richesse.

FIG. 59. — Forêt de l'époque houillère.

Enfin d'autres parties de l'Europe, telles que l'Allemagne septentrionale, les Asturies, en Espagne, et la

Russie, ne sont pas moins favorisées sous le même rapport.

L'Amérique septentrionale est aussi dans le même cas et il en est de même pour la Chine, l'Australie, etc.

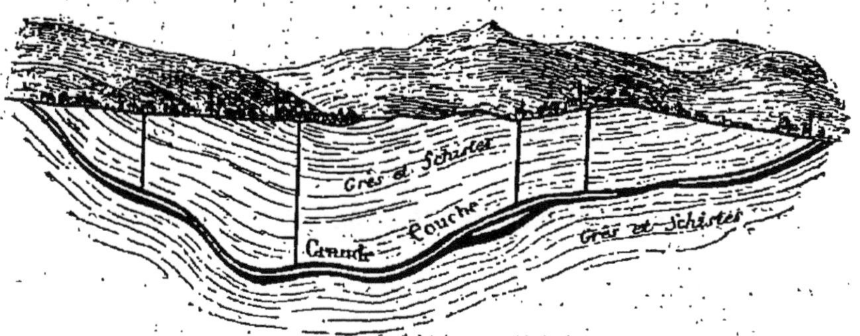

FIG. 60. — Coupe du bassin houiller de Rive-de-Gier.

On estime que la superficie des dépôts houillers de la France est de 266 068 hectares, qui, joints à 31 737 hectares de houille devonienne proprement dits de la Basse-Loire, forment un ensemble de 287 805 hectares ou $\frac{1}{180}$ de la sur-

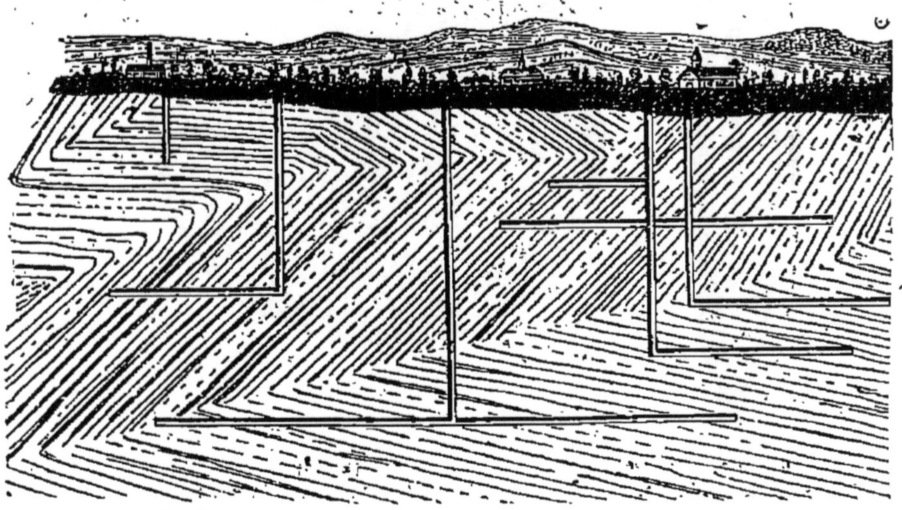

FIG. 61. — Coupe du bassin de Valenciennes.

face totale de notre pays ; mais l'Angleterre et la Belgique sont sensiblement plus favorisées à cet égard.

Voici, sous forme de tableau, l'indication de la surface que les principaux de ces gisements de houille occupent et celle du nombre de tonnes de combustible que l'on en extrait annuellement :

	Kil. carrés.	Tonnes.
Grande-Bretagne	10 000	65 000 000
Allemagne septentrionale	4 425	6 900 000
France	2 500	6 000 000
Belgique	1 275	8 000 000
Espagne (Asturies)	500	500 000
Russie, au plus	250	Inconnu.
Amérique du Nord	500 000	10 000 000

TERRAINS DE SÉDIMENTS SECONDAIRES OU MOYENS.

Ces terrains, dont l'épaisseur est considérable, et qui ont mis à se déposer un temps fort long, sont particulièrement

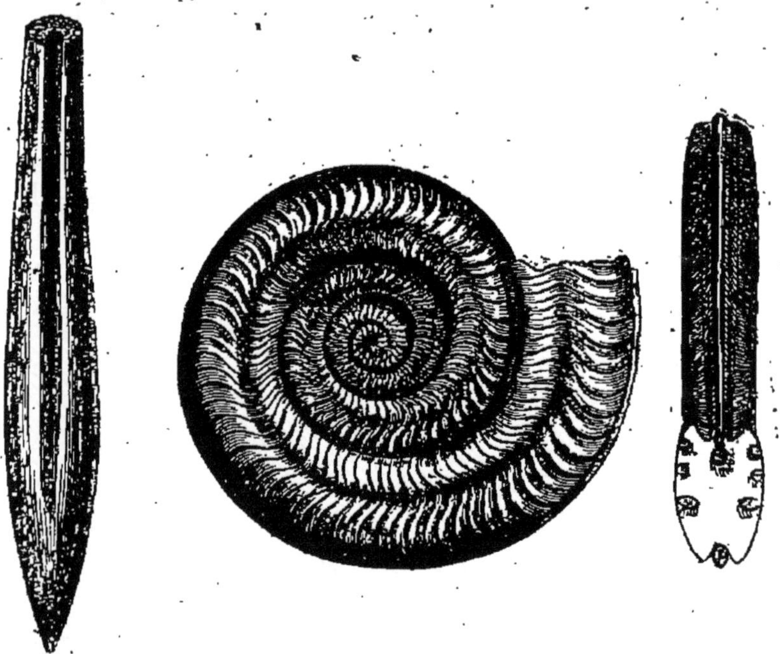

FIG. 62.
Belemnites hastatus.

FIG. 63.
Ammonites Walcotii

reconnaissables aux ossements de grands reptiles qu'ils renferment. Les espèces dont ces débris proviennent sont toutes différentes de celles des époques tertiaire ou actuelle, et parmi elles nous remarquons les ptérodactyles, les dinosauriens, les plésiosaures, les simosaures, les ichthyosaures et beaucoup d'autres. Les terrains secondaires sont également caractérisés par la présence de coquilles provenant de mollusques céphalopodes, auxquelles on donne le nom d'ammonites et de bélemnites.

Les ammonites (fig. 63 et 64) étaient pourvues de quatre branchies comme les nautiles, les goniatites et les clymènes; mais elles avaient le siphon placé le long de la grande courbure de leur spire, et leurs cloisons étaient multilobées au lieu d'être simples ou en zigzags. Les lobes en sont parfois si découpés, qu'ils ont été comparés sous ce rapport aux feuilles du persil et appelées persillés.

Quant aux bélemmites, elles appartiennent à l'ordre des dibranches, qui comprend aussi les poulpes, les calmars et les sèches. Ce qui s'est le plus habituellement conservé de ces mollusques constitue la partie principale de leur coquille; c'est une sorte de pointe de javelot obtuse ou atténuée à l'une de ses extrémités, et excavée à l'autre qui est occupée par un appareil cloisonné et si-

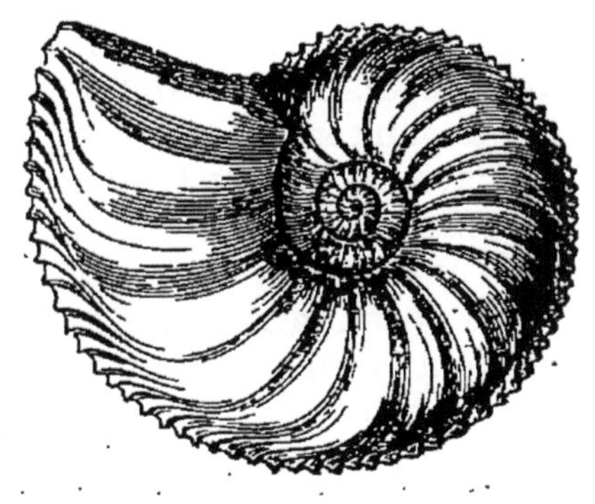

FIG. 64. — Ammonites cordatus.

phoné, dit le phragmocône, et répond à la partie de la coquille des nautiles et des autres céphalopodes qui comprend les cloisons.

Alors la classe des poissons a pris une plus grande extension que précédemment; mais ce n'est qu'après le milieu de la période secondaire que les téléostéens ou poisson osseux ont été abondants. Des mammifères en petit nombre et dont le rôle au sein de la création était subordonné à celui des reptiles; quelques rares oiseaux, parmi lesquels il faut citer de préférence l'archéoptéryx, dont la queue était longue comme celle des sauriens, quoique pourvue de pennes comme celle de la plupart des oiseaux actuels, ont apparu durant cette longue période. Ces animaux représentaient seuls les deux premières classes des vertébrés, qui devaient au contraire apparaître en nombre si considérable pendant la période tertiaire.

Quant aux plantes, c'étaient des cryptogames cellulaires du groupe des algues, de nombreuses espèces de cryptogames vasculaires, plus particulièrement des fougères auxquelles s'ajoutaient des lycopodiacées et des équisatacées, enfin des phanérogames gymnospermes appartenant aux deux classes des cycadées et des conifères. Quelques rares monocotylédones paraissent avoir été associées à ces différents végétaux durant les premiers temps de la même période, et, lors du dépôt des dernières couches propres à la même grande formation, il existait peut-être aussi certains genres d'angiospermes dicotylédones; mais ils devaient être en petit nombre et leur présence n'est pas encore absolument certaine.

Les animaux articulés allèrent aussi en se perfectionnant et l'on voit apparaître des crustacés podophthalmaires de l'ordre des décapodes, dès les formations secondaires les plus anciennes; les tribolites des âges antérieurs étaient de la catégorie moins élevée des édriopthalmes ou crustacés à yeux sessiles. Les goniatites avaient dès lors presque disparu, et l'on ne trouve leurs coquilles que dans les étages les plus inférieurs de la même série.

D'autre part, les échinodermes ont pris, pendant la période secondaire, un développement réel qui les a conduits jusqu'aux formes, supérieures dans leur groupe, qui caractérisent les clypéastres. Sans perdre la symétrie radiaire, ceux-ci et tous les échinodermes qui leur ressemblent tendent vers la symétrie binaire. En effet, les orifices de leur canal digestif ne sont pas situés l'un et l'autre dans l'axe du corps comme chez les oursins proprement dits, et l'un des ambulacres n'est plus conforme aux quatre autres, ce qui permet de reconnaître au têt de ces animaux une partie antérieure et une partie postérieure.

En même temps que ce perfectionnement dans la structure des échinodermes s'accomplissait par l'apparition des types supérieurs de ce groupe, les mollusques gastéropodes et acéphales, ainsi que les autres grandes divisions des invertébrés, devenaient moins différents de ce que nous les voyons être pendant la période tertiaire. Mais cette nouvelle évolution de l'animalité ne s'est opérée que peu à peu, et elle a demandé un laps de temps considérable; aussi peut-on établir d'assez nombreuses divisions dans la série des dépôts qui correspondent à la période secondaire.

C'est seulement dans les terrains secondaires les plus anciens que se rencontrent les labyrinthodons ou mastodonsaures, qui sont de grands batraciens du même ordre que les archégosaures et le télerpeton. Ces gigantesques animaux disparaissent avec les dépôts du trias, et l'on voit aussi s'éteindre durant les premiers temps de cette formation les goniatites, qui font place aux ammonites et aux bélemnites, autres céphalopodes si communs dans tout le reste des terrains de la période secondaire. Les ammonites ne forment pas moins d'un millier d'espèces. C'est dans les dépôts triasiques de Saint-Cassian, en Tyrol, et

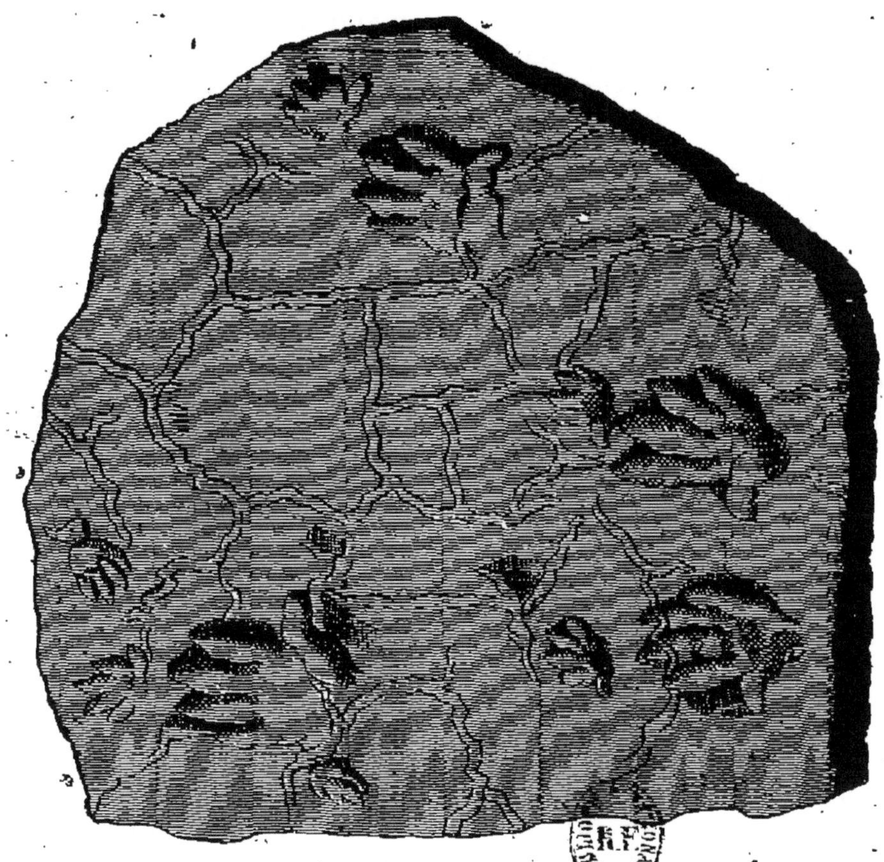

FIG. 65. — Cheirotherium (pistes de Labyrinthodons *).

dans ceux de Hallstadt, dans les Alpes, que l'on commence à les rencontrer, et les couches de Salzbourg en fournissent aussi de très-beaux spécimens. Ce groupe se continue jusque dans les assises crétacées supérieures, mais en étant représenté par des espèces distinctes dans chacune des principales couches de la période secondaire.

TRIAS. — La plus ancienne des formations de la pé-

* Empreintes de pas ou pistes de labyrinthodon.

riode secondaire est celle des terrains triasiques, dont les assises supérieures ont reçu le nom de terrains salifériens, parce que, dans certaines localités, ils renferment d'abondants dépôts de sel gemme. On y trouve aussi des amas considérables de gypse ou pierre à plâtre; mais les terrains de cet âge sont en plus grande partie constitués par des marnes, par des grès et par des calcaires riches en débris de coquilles, auxquels on a donné, à cause de cela, le nom de calcaires coquilliers (en allemand *muschelkalk*).

Le trias est représenté dans plusieurs parties de l'Europe; nous en avons différents dépôts en France, particulièrement en Bretagne, dans les Vosges, dans l'Hérault et dans le Var. Le Keuper fait partie de cette formation, et par endroits, les marnes irisées alternent avec les calcaires coquilliers ou les grès. La mer, sous laquelle ces dépôts se sont accomplis, était peu profonde, et ses eaux ont été fré-

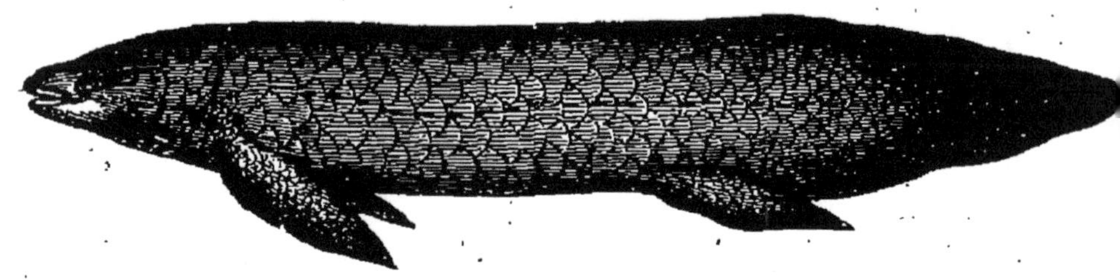

FIG. 66. — Ceratodus de l'Australie.

quentées par les grands batraciens nommés labyrinthodontes, qui y ont fréquemment laissé des pistes ou empreintes de leurs pas (fig. 65) qu'on a d'abord attribuées à un genre non classé, auquel les naturalistes ont parfois donné le nom de chirotœrium. On en trouve abondamment à Fozières, près Lodève (Hérault), et il y en a aussi dans la Haute-Saône, ainsi qu'en Allemagne et ailleurs. Le zanclodon, le phytosaure, les simosauriens (genres simosaure, nothosaure, pistosaure, etc.), fournissent les principales formes des reptiles triasiques. Les poissons ont été variés pendant le même temps, et l'on signale parmi eux les cératodus, de la division des dipnés, dont le genre a été tout dernièrement retrouvé vivant en Australie (fig. 66). En même temps, les animaux sans vertèbres ont acquis une plus grande diversité. Nous nous bornerons à citer parmi eux, comme étant surtout carac-

téristiques de ces dépôts, le *Ceratites nodosus* (fig. 67),
ammonite à lobes très-faiblement festonnés, et l'*Encrinus
moniliformis* (fig. 68), fort belle espèce de la famille des
crinoïdes.

De même que les animaux, les végétaux du trias tiennent
encore à certains égards de ceux du carbonifère. En effet, le

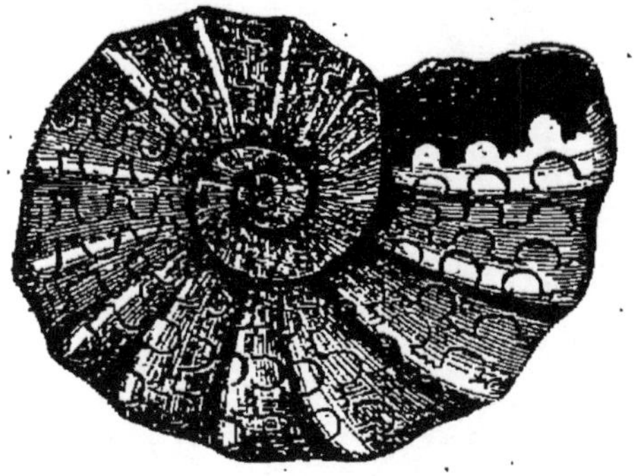

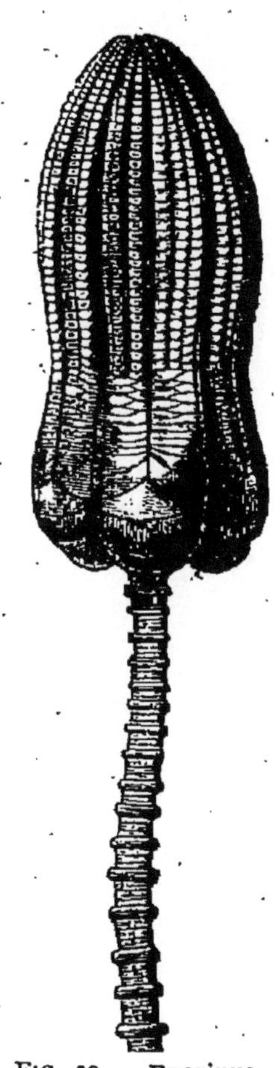

FIG. 67. — Ceratites nodosus.
(Vu de profil et par le dos).

FIG. 68. — Encrinus
moniliformis.

changement n'est pas complet, et dans plusieurs groupes
c'est dans les espèces ou les genres seulement qu'il s'accomplit. Une des plantes remarquables de cette époque appartient au genre *Voltzia* que nous avons déjà vu dans le carbonifère ; c'est le *V. heterophylla.*

Jurassique. — La période jurassique est l'une des plus
importantes et elle a été de longue durée ; on la divise en

différents étages ; les dépôts qui lui correspondent sont en grande partie marins.

Parmi les plus anciens, il faut citer : 1° le *lias*, partagé lui-même en trois assises ; — 2° l'*oolithe*, que l'on subdi-

FIG. 69. — Forêt de l'époque du Lias.

vise en oolithe inférieure ou bajocien (terrain de Bayeux), et en grande oolithe ou bathonien (terrain de Bath, en Angleterre) ; — 3° l'*oxfordien*, dont le nom est tiré de celui d'Oxford, aussi en Angleterre ; — 4° le *corallien*, ainsi appelé des nombreux amas de polypiers ou coraux, qui le constituent en divers endroits ; — 5° enfin le *wealdien*, dont le nom veut dire forêt, parce qu'en Angleterre, où l'on rencontre surtout ce terrain, les comtés dans lesquels il s'étend sont recouverts d'abondantes forêts. C'est au terrain wealdien qu'appartiennent les couches de Purbeck, les sables de Hastings ou de la forêt de Tilgate ainsi que l'argile wealdienne.

Un des faits remarquables qui se sont produits dans le

FIG. 70. — Phascolotherium Bucklandi.

FIG. 71. — Thylacotherium Prevostii.

courant de la période jurassique est l'apparition de vertébrés appartenant à la classe des mammifères. On n'en connaît dans les dépôts antérieurs qu'un seul exemple, le *Microlestes antiquus*, dont quelques rares débris ont été recueillis dans le trias de Wurtemberg; la période jurassique nous en montre de plusieurs genres, *Phascolothe-*

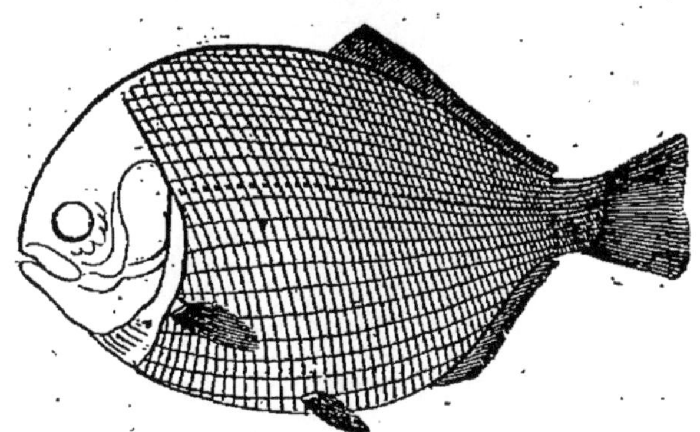

FIG. 72. — Tetragonopterus (restauré).

rium (fig. 70), *Thylacotherium* (fig. 71), etc.; dans la grande oolithe de Stonesfield, en Angleterre, et il y en a de non moins curieux dans le Purbeck, terrain qui appartient à la même partie de l'Europe; ceux-ci ont été nommés *Plagiaulax*.

Dans l'un et l'autre cas, ces mammifères constituaient de petites espèces, et leurs caractères étaient assez singuliers pour que l'on soit encore indécis au sujet de leurs véritables affinités.

Les oiseaux n'ont que de rares représentants, et la forme en est différente de celle des espèces actuelles; l'un des mieux connus est l'archéoptéryx (fig. 73).

Les sauriens jurassiques ont été les uns terrestres ou lacustres, les autres marins. A cette dernière catégorie ap-

FIG. 73. — Archéoptéryx (de Solenofen).

partenaient les plésiosaures (fig. 74), les pliosaures et les ichthyosaures (fig 75). Ces derniers étaient pour ainsi dire les représentants des cétacés durant cette période, mais leurs caractères essentiels ont dû les faire rapporter à une autre classe que les baleines et les dauphins. Les reptiles ter-

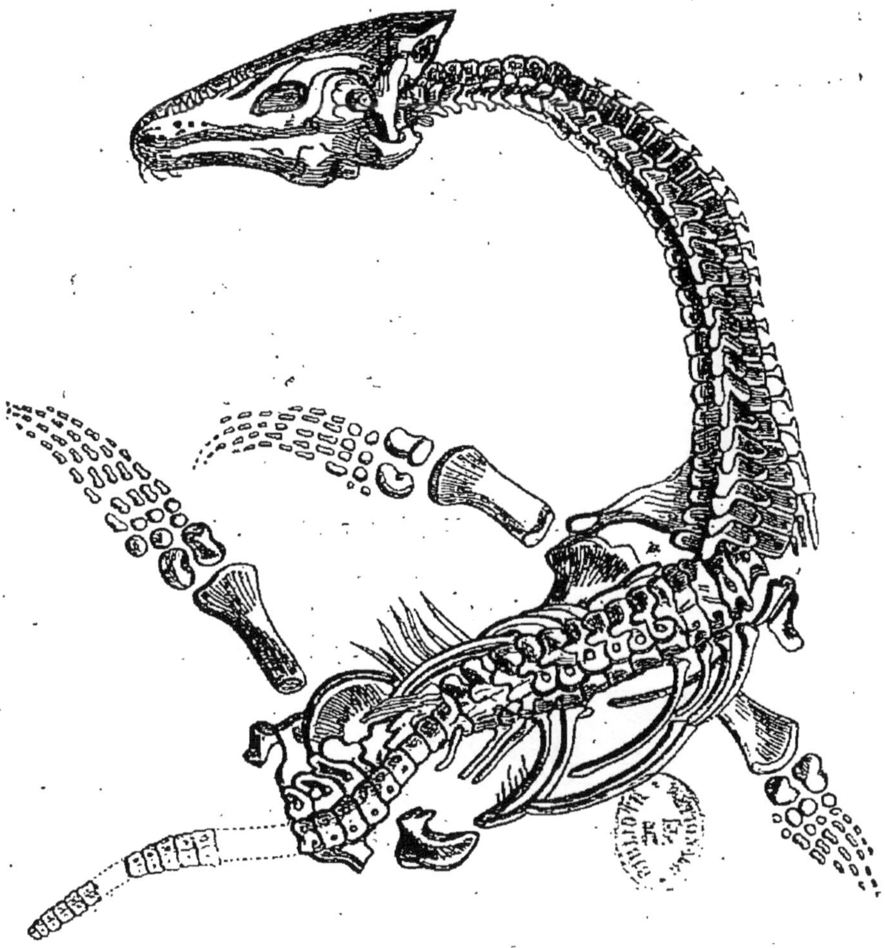

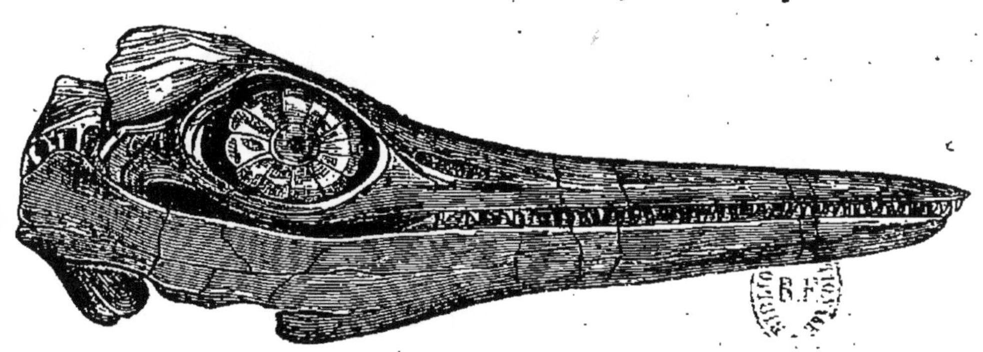

Fig. 74. — Squelette de Plésiosaure.

Fig. 75. — Tête d'Ichthyosaure.

restres atteignaient aussi de grandes dimensions : citons les mégalosaures (fig. 76), les iguanodons et d'autres encore. Il y en avait qui étaient aptes au vol, comme les pté-

FIG. 76. — Mâchoire de Megalosaurus Bucklandi.

rodactyles (fig. 77); d'autres appartenaient aux crocodiliens; ils constituent la famille des téléosaures.

FIG. 77. — Squelette de Ptérodactyle.

Parmi les poissons figurent de nombreux ganoïdes rhombifères (fig. 72).

Les dépôts jurassiques fournissent des argiles, des calcaires dont on peut faire de la chaux, des marbres, etc.; c'est aussi à leur série qu'appartiennent les pierres lithographiques, exploitées d'abord en Bavière, à Pappenheim et à Solenhofen, et depuis lors sur divers points de la

FIG. 78. — Gryphæa arcuata.

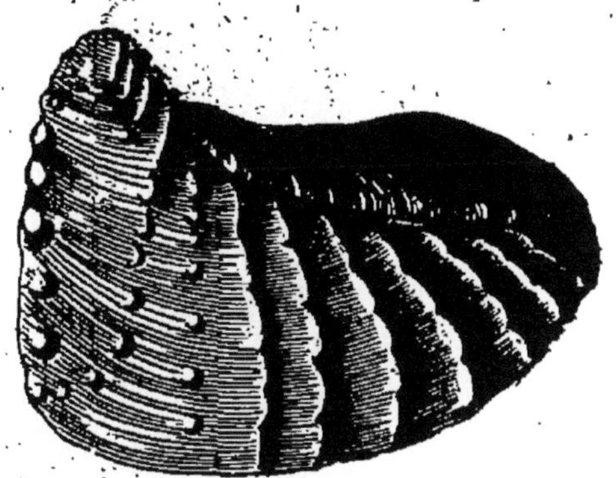

Fig. 79. — Trigonia navis.

France, particulièrement au Vigan, dans le Gard, et à Cerin, dans le département de l'Ain. Les pierres lithographiques appartiennent à l'étage corallien.

Quelques amas charbonneux de nature ligniteuse s'obser-

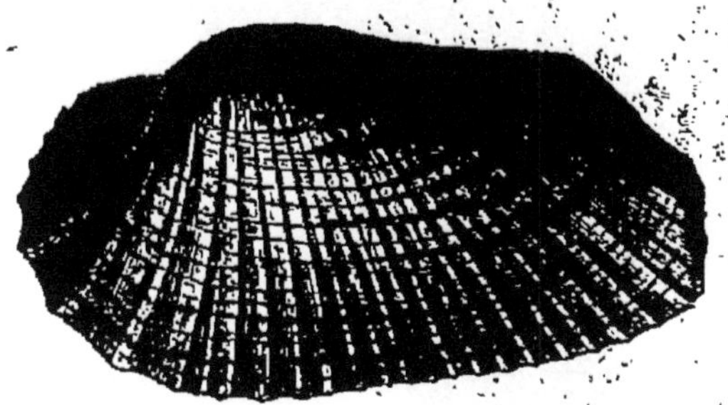

FIG. 80. — Pholadomya acuticosta.

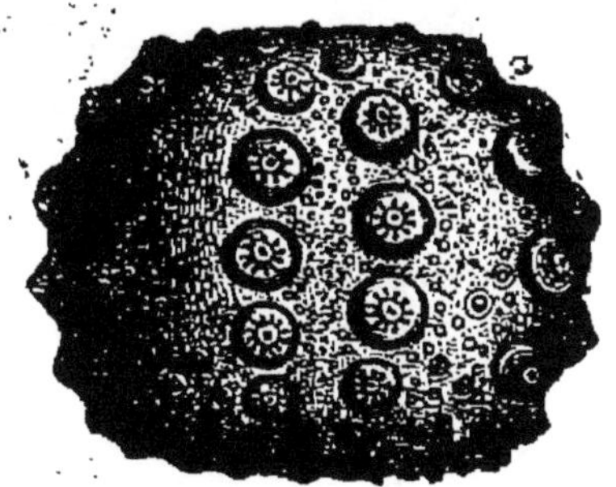

FIG. 81. — Hemicidaris crenularis.

vent aussi dans les terrains de la série jurassiques et plusieurs de ces terrains sont traversés par des filons.

Parmi les mollusques de la période jurassique, on remarquera la gryphée arquée (*Gryphæa arcuata*) (fig. 78), propre au lias ; la *Trigonia navis* (fig. 79), la *Pholadomya acuticosta* (fig. 80) et d'autres lamellibranches non moins caractéristiques; parmi les oursins il faut signaler l'*Hemicidaris crenularis* (fig. 81) et de grandes encrinides (fig. 82 et 83).

Crétacé. — La partie supérieure des dépôts secondaires

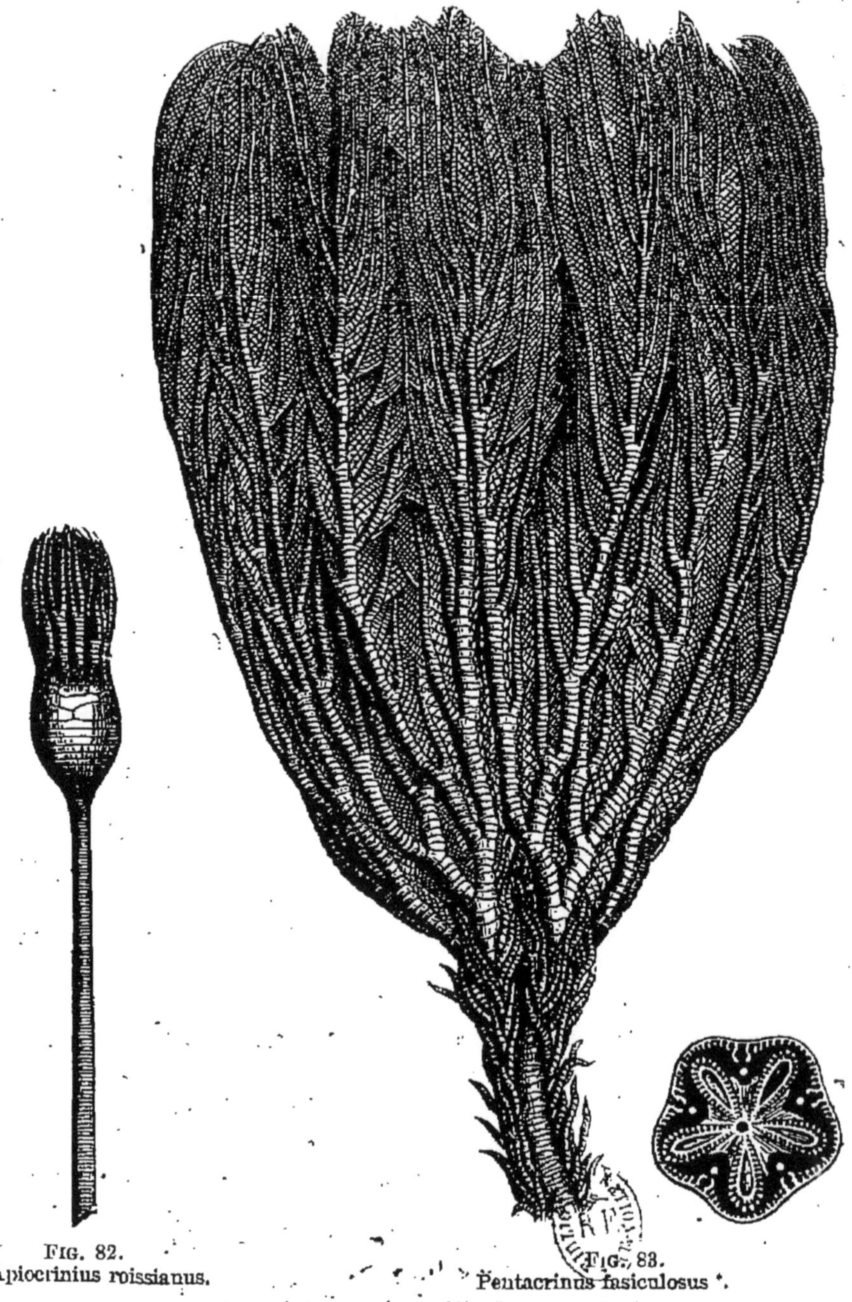

FIG. 82.
Apiocrinius roissianus.

FIG. 83.
Pentacrinus fasiculosus *.

ou moyens a reçu le nom de crétacée, qui lui vient de la

* Ces deux encrines appartiennent à la faune jurassique.

craie dont elle est en partie formée ; mais cette variété de
roches calcaires n'est pas la seule qu'on y rencontre : il y a

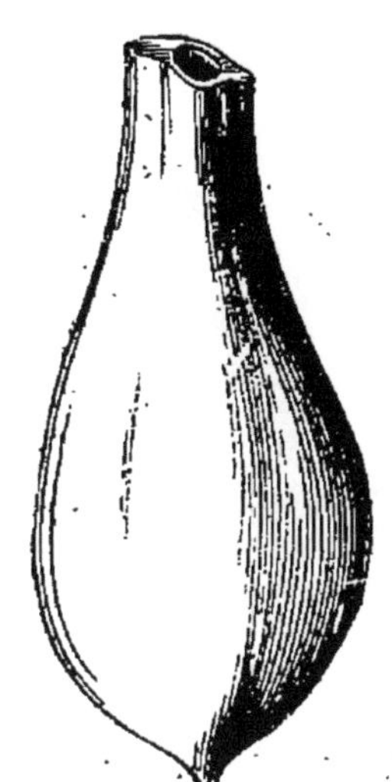

FIG. 84.
Belemnites Emerici *.

FIG. 85.
Belemnites mucronatus **.

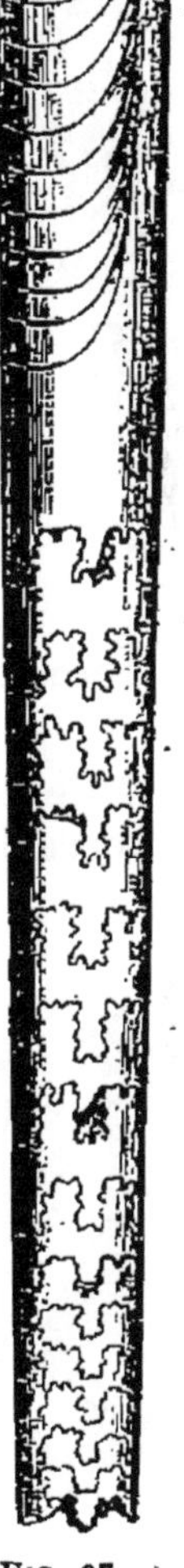

FIG. 87.
Baculites anceps ****.

FIG. 86.
Ammonites mamillatus ***.

aussi des terrains de la période crétacée qui sont les uns
argileux ou calcaires, les autres gréseux ou encore diffé-

* Du néocomien.
** De la craie blanche.
*** Des grès verts.
**** De la craie blanche.

HISTOIRE NATURELLE (Géologie).

7

rents, et, par endroits, dans la craie blanche, par exemple,
il existe des bancs siliceux ou de nombreux rognons de

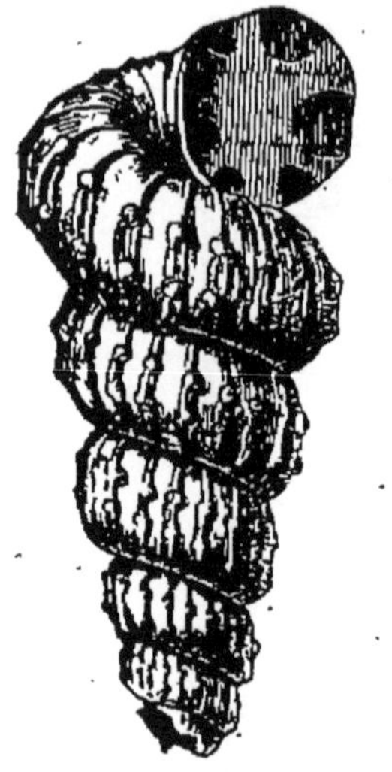

FIG. 88.
Turrilites catenatus *.

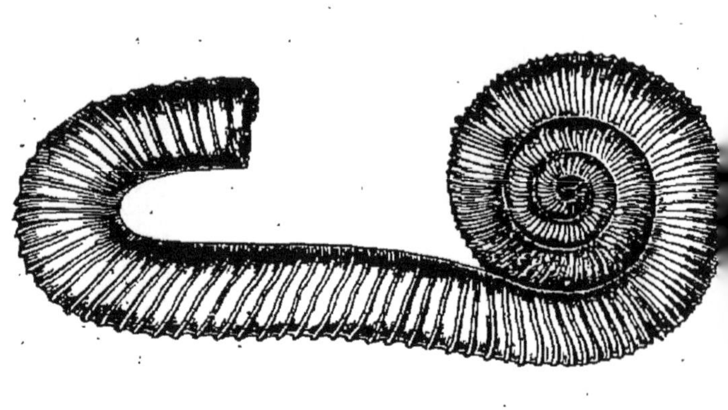

FIG. 89. — Scaphites Ivanii **.

la même substance desquels on tire le silex pyromaque
ou pierre à fusil. Les terrains crétacés se sont en grande

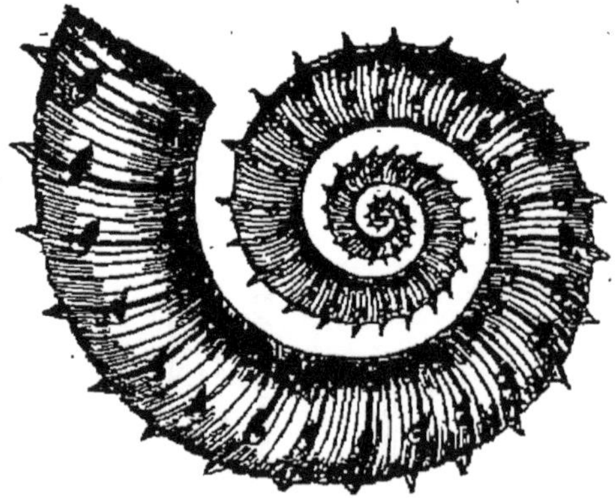

FIG. 90. — Crioceras Emerici ***.

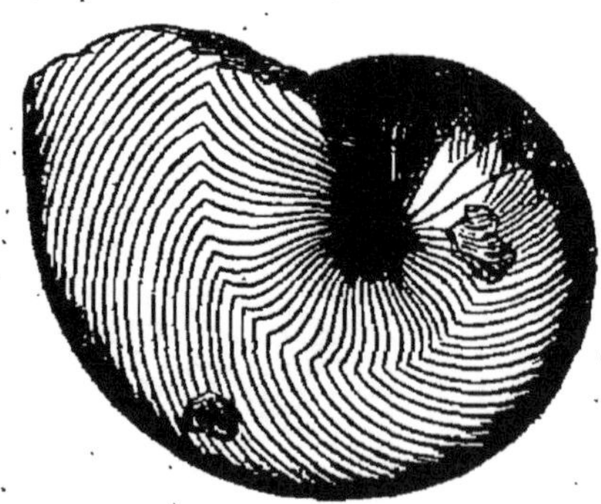

FIG. 91. — Nautilus plicatus ****.

partie déposés sous les eaux de la mer, et leur durée a été
considérable; en même temps ils ont pris une très-grande
extension en surface. Il s'en rencontre dans presque

* Ammonite de forme spirale; des grès verts.
** Ammonite en partie déroulée; du néocomien.
*** Ammonite entièrement déroulée; aussi du néocomien.
**** Des grès verts.

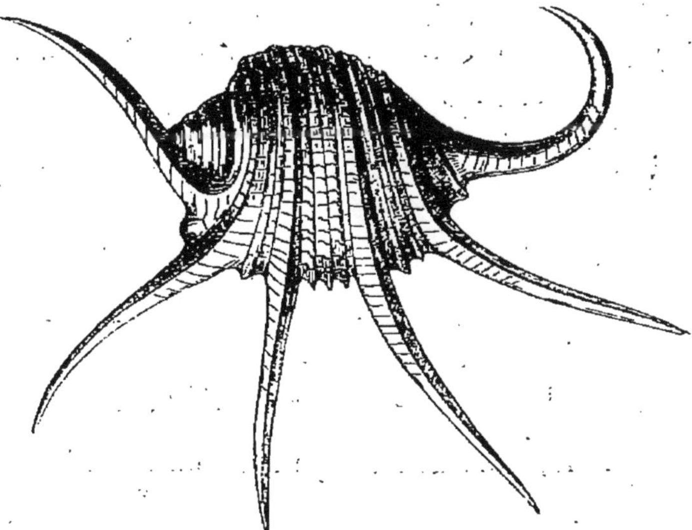

Fig. 92. — Pterocera pelagi.

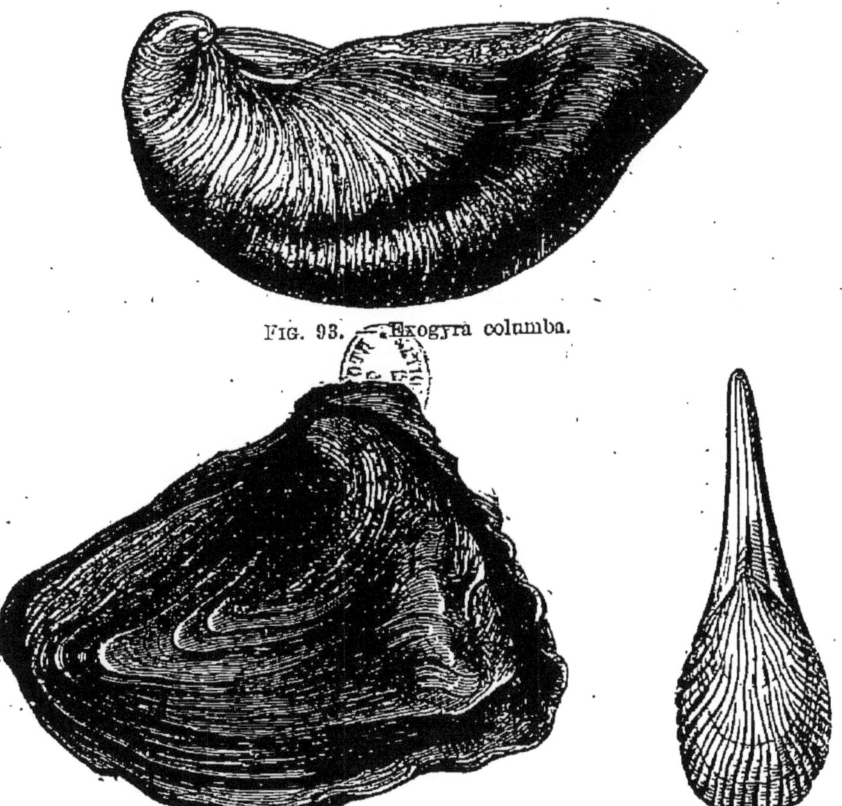

Fig. 93. — Exogyra columba.

Fig. 94. — Exogyra Couloni.

Fig. 95. — Terebratula lyra.

tout l'hémisphère boréal et l'on en trouve au Liban ainsi
qu'au cap de Bonne-Espérance. Par endroits, ils se sont

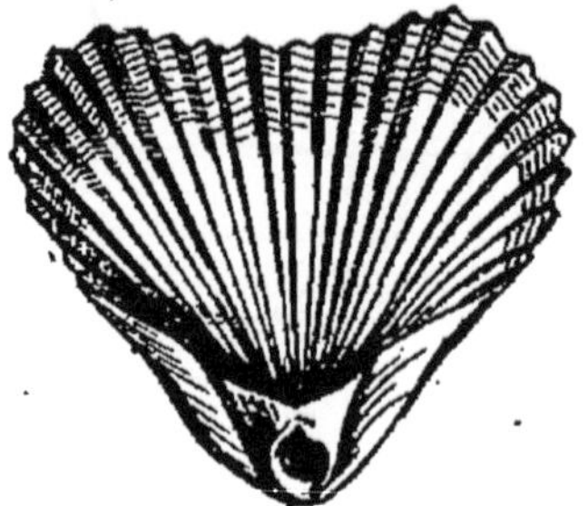

FIG. 96. — Rhynchonella vespertilio *.

déposés sous les eaux douces. En effet, on regarde mainte-

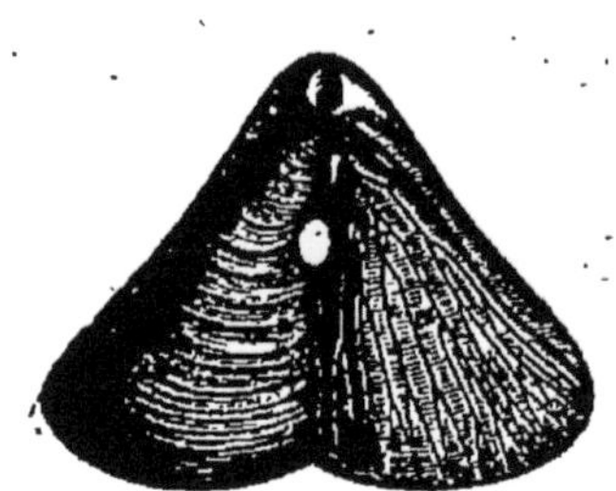
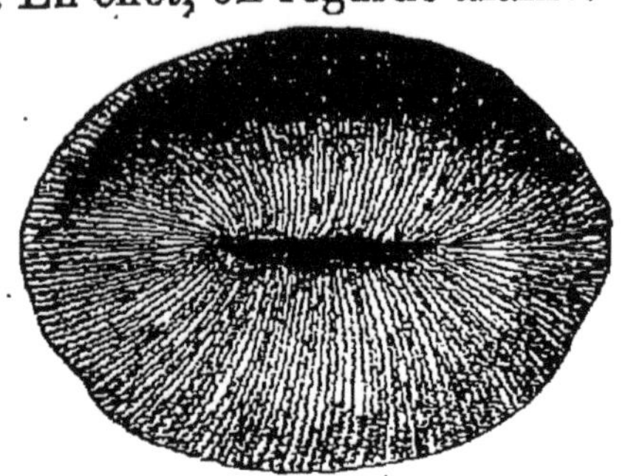

FIG. 97. — Terebratula diphya **.   FIG. 98. — Cyclolytes ellipticea ***.

nant comme leur appartenant certains calcaires compacts

FIG. 99. — Hippurites sulcata ****.

et des lignites de la Provence, qui avaient autrefois été attribués aux étages inférieurs de la série tertiaire. Tels

sont les calcaires de Rognac et les lignites de Fuveaux.

Plusieurs divisions ont dû être établies parmi les dépôts crétacés. Les plus inférieurs répondent au néocomien ; les moyens sont les grès verts inférieurs, la glauconie sableuse et le gault (étages aptien, albien et cenomanien), et les supérieurs, le turonien ou calcaire à hippurites, la craie tuffeau ou sénonien, enfin la craie blanche ou craie à foraminifères ainsi que les couches plus modernes encore de Maestricht et du Danemark, auxquelles se rattachent le calcaire pisolithique et le terrain garomnien.

On constate, dans les populations animale et végétale répondant au dépôt des roches sédimentaires de cette

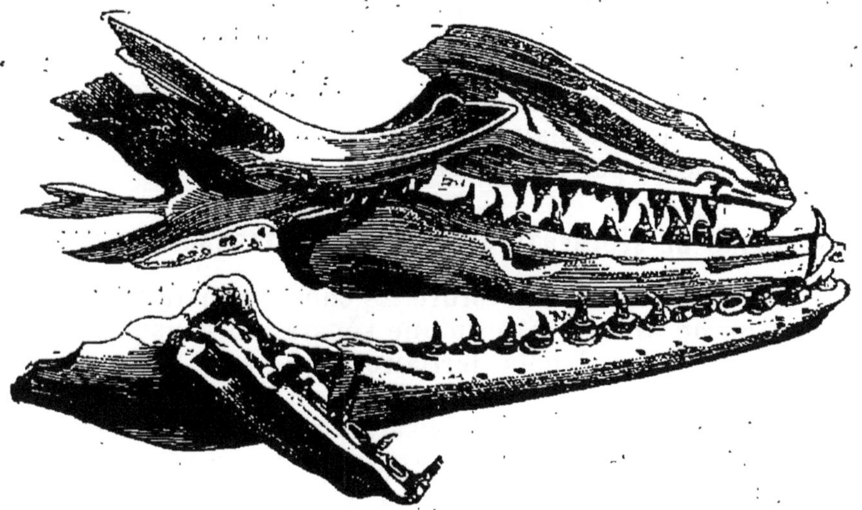

FIG. 100. — Mosasaurus Camperi.

grande période, un progrès évident sur celles qui ont vécu antérieurement.

Ces populations comprennent bien encore de grands reptiles tels que des ptérodactyles, des téléosauriens, des plésiosaures et des ichthyosaures ; les ammonites et les bélemnites s'y retrouvent également ; mais les types supérieurs des poissons, des crustacés, des échinodermes et de quelques autres classes, y ont définitivement des représentants, et la présence de plantes dicotylédones n'y est plus contestable. C'est un nouvel acheminement vers les êtres actuels.

Quelques formes de corps organisés sont particulièrement caractéristiques de certaines parties des dépôts crétacés.

Les rudistes (fig. 99), qui sont des coquilles bivalves d'une apparence singulière, ont vécu pendant le dépôt du terrain turonien, surtout représenté dans les Bouches-du-Rhône et dans la Charente; le *Belemnites mucronatus* (fig. 85) est particulier à la craie blanche, et c'est aussi dans cette formation que l'on rencontre les ossements des grands reptiles nommés mosasaure (fig. 100) et léiodon. La craie de Meudon, près de Paris, en fournit des échantillons. De même qu'une grande partie de la formation crétacée, la craie de cette localité résulte de l'accumulation des têts ou coquilles laissés par les foraminifères, animaux inférieurs de très-petite dimension qui ont habité les eaux de la mer sous laquelle elle s'est déposée. De nos jours, il se forme encore de la même manière des terrains sous-marins qui ont beaucoup d'analogie avec la craie.

D'autres espèces de foraminifères se sont accumulées dans les mers tertiaires et y ont constitué en partie les dépôts laissés par ces dernières.

TERRAINS DE SÉDIMENTS SUPÉRIEURS OU TERRAINS TERTIAIRES.

Ici encore un nouvel ordre de choses apparaît, et cependant on ne saurait dire qu'une séparation brusque et complète isole les dépôts tertiaires inférieurs de ceux par lesquels la période crétacée se termine. Mais les faunes et les flores tendent à se diviser, et pour chaque groupe naturel les espèces qui le constituent jouissent d'une plus grande perfection organique. A l'action des reptiles gigantesques propres aux périodes triasique, jurassique et crétacée, se substitue définitivement celle des mammifères, et il y a des animaux de cette classe dans les eaux de la mer comme il y en a sur les continents; les oiseaux deviennent de plus en plus variés en espèces; ils ont aussi des caractères moins différents de ceux d'aujourd'hui; les reptiles sont également plus semblables aux nôtres, et ceux de la période précédente ont tous disparu du nombre des êtres vivants; enfin les poissons plagiostomes, c'est-à-dire les raies et les squales, deviennent, avec les téléostéens ou poissons squamodermes[1] et les ostéodermes, les principaux représentants de leur propre classe, tandis que les rhombifères et les cyclifères, précédemment si nombreux, sont réduits à quelques espèces des genres polyptère et amie.

1. Acanthoptérygiens et malacoptérygiens de Cuvier.

Tels sont les vertébrés. Les invertébrés ne se sont pas moins modifiés, et de nouvelles formes plus analogues à celles qui existent encore ont remplacé les animaux que cette grande division avait antérieurement fournis. Les mollusques sont peu à peu devenus plus semblables à ce qu'ils sont restés dans l'époque actuelle, et leurs espèces ont surtout eu de la ressemblance avec celles des pays tropicaux ou des mers des mêmes régions. La proportion de celles qui sont identiques avec ces dernières s'accroît peu à peu à mesure que le temps s'écoule, et les dénominations d'éocène, de miocène, etc., dont la principale racine signifie *récent*, y font directement allusion. Les crustacés ont également une plus grande analogie avec les nôtres; les insectes sont dans le même cas, et leur nombre est plus considérable qu'auparavant; enfin il en est également ainsi des échinodermes, des polypiers, etc. Il n'y a plus ni bélemnites ni ammonites; les nautilidés sont de leur côté réduits à quelques rares espèces de nautiles proprement dits, et, d'autre part, la flore tend de plus en plus à s'enrichir de formes comparables à celles qui existent maintenant. Les espèces végétales, de même que celle fournies par le règne animal, offrent surtout de l'anologie avec celles qui s'observent de nos jours dans les contrées les plus chaudes; ce qui indique une température moyenne du globe plus élevée à cette époque qu'à présent et une différence encore peu sensible entre les climats des divers pays. Il existait des palmiers et d'autres monocotylédones arborescentes jusque sous nos latitudes ou encore plus au nord. Cependant la délimitation des climats ne tardera pas à s'opérer, et, avec elle, la séparation des faunes, ainsi que celles des flores, sera de plus en plus marquée et mieux en rapport avec les conditions de cantonnement des espèces. Les mers tendront, de leur côté, à prendre une circonscription de plus en plus semblable à celle qui les a caractérisées depuis.

On réserve habituellement le nom de terrains tertiaires à ceux dont nous allons parler, savoir : l'orthrocène ou suessonien inférieur; l'éocène ou parisien et suessonien supérieur; le proïcène ou gypsifère; le miocène et le pliocène. Ceux qui leur sont superposés ont été appelés diluviens ou quaternaires et récents ou modernes. Pour employer des termes analogues à ceux qui viennent d'être cités, nous les appellerons, comme on le fait quelquefois aussi, pléistocènes et holocènes.

Orthrocène *ou commencement du tertiaire.* — C'est

par les terrains de ce nom que commencent les dépôts
tertiaires. Aux environs de Paris, ils sont constitués par
les conglomérats de Meudon, les lignites d'Auteuil et quelques rares lambeaux différents de ceux-là : on les retrouve
dans le Soissonnais et le Laonnais sous la forme de cen-
drières ou lignites pyriteux; ailleurs ce sont des grès ou
des calcaires, comme à Bracheux, à la Fère et à Rilly-la-

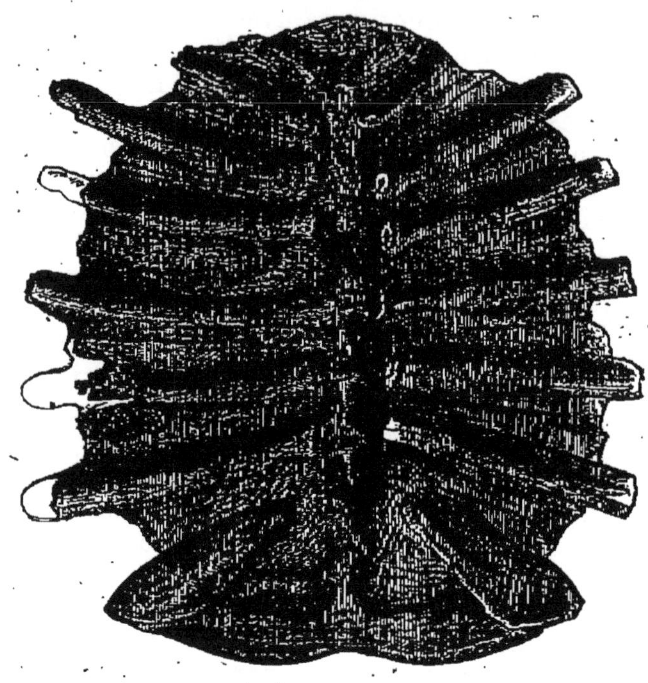

FIG. 101. — Trionyx *.

Montagne, diverses localités qui sont également situées
dans le bassin parisien.

Leurs fossiles principaux sont : parmi les mammifères,
deux carnivores (*Palæocyon primævus* et *Palæonictis gigantea*) et un genre fort singulier de jumentés (le genre
Coryphodon); parmi les oiseaux se remarque une très-
grande espèce de brevipennes appelée *Gastornis pari-
siensis*. Il y avait aussi des chéloniens, entre autres des
trionyx (fig. 101), et aussi des crocodiles comme il s'en
rencontre dans le reste de nos dépôts tertiaires, et, de plus,
un lépisostée, genre de poissons rhombifères qui se re-

* Carapace trouvée dans les lignites du Soissonnais et conservée au Muséum.

trouve aussi dans l'éocène et dont il y a maintenant des représentants dans l'Amérique septentrionale. Nous citerons parmi les mollusques gastéropodes dont le genre de vie était fluviatile la *Physa gigantea.*

Éocène. — Formation mieux connue que la précédente et d'une importance supérieure. Les dépôts qu'on y re-

FIG. 102
Physa columnaris.

FIG. 103.
Cyclostoma Arnoudii.

FIG. 104.
Cerithium giganteum.

marque sont les uns d'origine marine, comme les sables du Soissonnais, le calcaire grossier ou pierre à bâtir de Paris, les grès de Beauchamps, etc.; les autres d'origine lacustre, comme les calcaires de Saint-Ouen, les grès de Carcassonne, les marnes ou argiles d'Argenton (Indre), de Castres, dans le département du Tarn; les conglomérats d'Issel, dans la Montagne-Noire (Aude), de Bischwiller, en Alsace, etc.

Ces dépôts renferment tous des débris de plusieurs es-

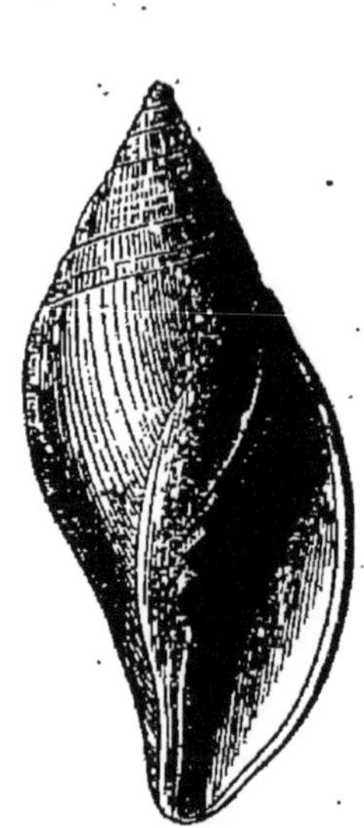

FIG. 105. — Voluta Lambertii.

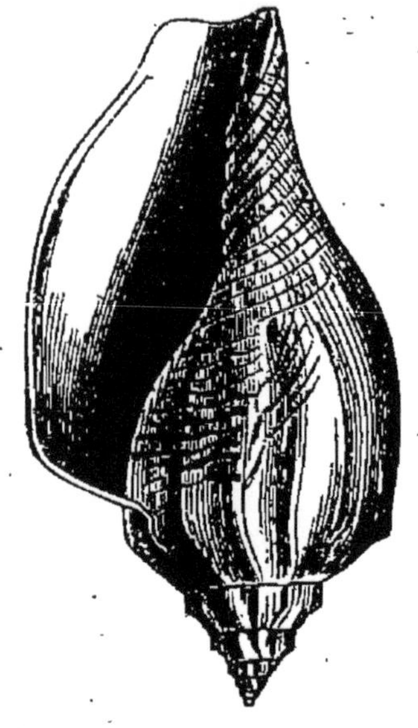

FIG. 106. — Voluta cithara.

pèces de mammifères jumentés du genre des lophiodons, ce qui en constitue le caractère principal.

Les assises marines de l'éocène sont généralement ri-

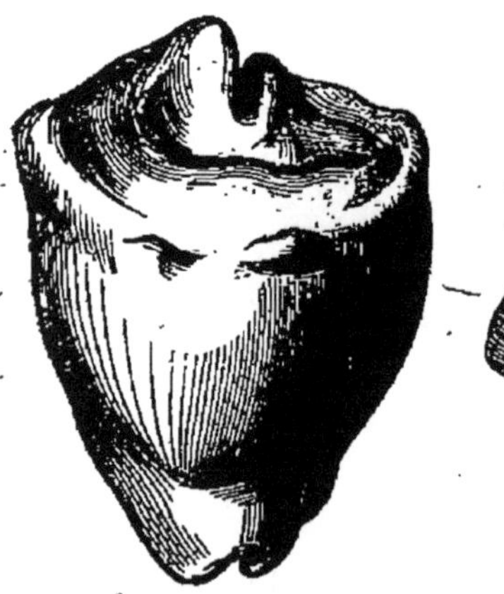

FIG. 107.
Ovula tuberculosa.

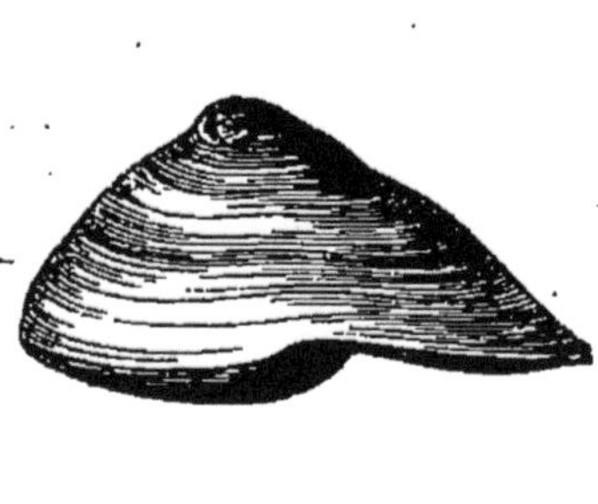

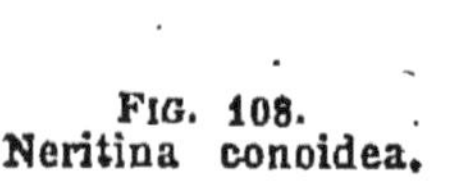

FIG. 108.
Neritina conoidea.

ches en coquilles et par endroits ils forment des amas pierreux très-recherchés pour les constructions, comme les calcaires à cérithes du bassin de Paris. Ailleurs, ces co-

quilles sont isolées les unes des autres, et retenues dans
un sable fin, ce qui permet de les extraire sans qu'elles
se brisent. Grignon, Auvers, etc., sont pour les environs
de Paris des localités de ce genre bien connues des con-
chyliologistes. C'est à l'éocène qu'appartient le *Cerithium*

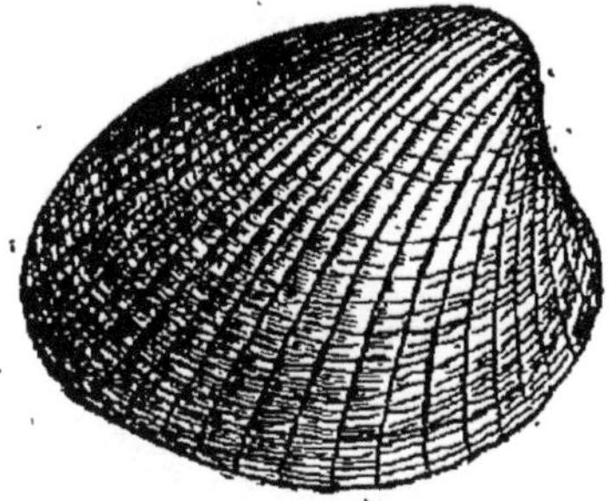
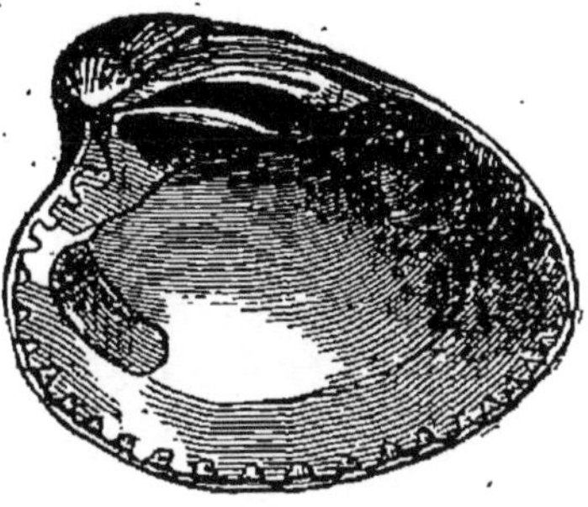

FIG. 109. — *Venericardia planicosta.*

giganteum (fig. 104), surtout remarquable par la taille
qu'il acquérait.

L'éocène a pris, en Belgique et dans le bassin de Londres, une importance comparable à celle que nous lui
connaissons en France.

On constate également la présence dans les terrains
éocènes de grandes espèces appartenant aux genres dont
les noms suivent : ovule, olive, volute, rostellaire, porcelaine, etc.; ce qui indique une température plus élevée
des eaux marines dans nos contrées.

On a également démontré la présence de l'éocène en

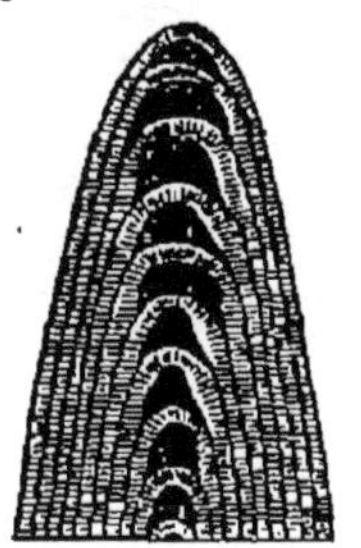

FIG. 110. — *Nummilites lævigata* (sa structure).

Amérique. Dans l'Alabama se trouvent les ossements du gigantesque mammifère marin auquel on a donné le nom de
Zeuglodon ; on les avait d'abord décrits comme provenant
d'un reptile.

Les nummulites (fig. 110), sortes de foraminifères qui
ressemblent tantôt à des lentilles, tantôt à des pièces

de monnaie, ont été abondantes dans les mers de la période eocène et elles y ont formé des dépôts puissants qui leur doivent leur nom de terrains nummulitiques. Il y en a en Europe, en Asie et dans l'Amérique septentrionale.

Proïcène. — C'est un ensemble des marnes et des calcaires dans lesquels est compris le gypse ou pierre à plâtre, et auquel on donne à cause de cela le nom de couches gypsifères. Le dépôt s'en est opéré sous les eaux douces qui formaient alors des lacs d'une étendue considérable. On y

FIG. 111. — Paléothérium.

rencontre des mammifères très-caractéristiques, principalement les paléothériums (fig. 111) de l'ordre des jumentés, et les anoplothériums (fig. 113), ainsi que les xiphodons (fig. 114), qui étaient des bisulques intermédiaires aux ruminants et aux porcins. De grands carnivores des genres hyénodon et ptérodon vivaient avec ces pachydermes et leur donnaient la chasse. On cite aussi dans cette faune de petits marsupiaux du genre pérathérium, avoisinant la famille des sarigues, qui est actuellement confinée en Amérique.

La classe des poissons fournissait des amies, genre également américain dans l'époque actuelle, et des cyprino-
dons ou lébias (fig. 115), qui vivent encore dans plusieurs

FIG. 112 — Paysage idéal de la période proïcène (époque du gypse),
avec Xiphodons, Anoplothériums, Paléothériums, Palmiers, etc.

parties de la région méditerranéenne, où ils habitent de
préférence, comme ils le faisaient pendant l'époque proïcène, les eaux séléniteuses.

Les environs de Paris possèdent de nombreux dépôts
de cette époque exploités pour le plâtre qui s'y trouve; il

y en a aussi dans les Bouches-du-Rhône, soit dans l'arrondissement d'Apt, soit dans celui d'Aix; ils y sont également gypsifères. Certains dépôts ligniteux des environs d'Apt renferment une quantité énorme d'ossements d'ani-

FIG. 113. — Anoplothérium.

maux appartenant aux mêmes espèces que ceux des plâtrières parisiennes.

FIG. 114. — Xiphodon gracile.

Au Puy-en-Velay (Haute-Loire), on trouve des fossiles peu différents de ceux-là, et plusieurs des mêmes genres s'observent aussi dans les dépôts du Nebraska et du Dakota, aux États-Unis; mais ils y sont associés à d'autres animaux, pour la plupart fort singuliers.

FIG. 115. — Lebias cephalotes.

Miocène. — Depuis la fin de la période crétacée, la mer avait successivement abandonné ou recouvert certains points du sol de l'Europe : ainsi l'on constate sa présence à Paris pendant l'éocène, alors que se formaient le calcaire à cérithes et le calcaire à miliolites que l'on emploie pour la bâtisse, tandis qu'elle s'était retirée de cette localité pendant l'époque prolcène par suite du changement de ses contours dû à l'élévation du sol. Elle y revint durant la période miocène, et certaines localités qui précédemment s'élevaient au-dessus des eaux furent alors couvertes par elles; d'autres conservèrent au contraire un niveau supérieur à celui de la mer. Ces changements se sont produits si régulièrement pendant le cours de cette nouvelle période, qu'*il est possible de dresser exactement* une carte pour chacun d'eux, de manière à indiquer quelles parties des anciennes formations s'élevaient hors des eaux et servaient *à l'habitation des animaux terrestres, quelles autres*, au contraire, étaient couvertes par les eaux douces ou par celles de la mer, et quels dépôts sédimentaires chacune d'elles reçut.

Des changements plus considérables encore s'accomplirent d'ailleurs dans la population animale. Aux mammi

fères terrestres que nous avons précédemment énumérés
succédèrent diverses espèces de singes (fig. 116), des carnivores du genre amphicyon, des proboscidiens, tels que les
mastodontes, ainsi que les dinothériums, des jumentés;
exemple, les rhinocéros précédemment fort rares, si toutefois
ils existaient déjà ; des anchithériums, animaux intermédiaires aux paléothériums et aux chevaux, des hipparions
ou chevaux tridactyles, plusieurs sortes de porcins, les uns
de grande taille, comme l'*Anthracotherium magnum*,
les autres plus semblables aux sangliers que ne l'étaient le
chéropotame et l'entélodon de la faune précédente, enfin un

FIG. 116. — Pliopithecus antiquus *.

grand édenté auquel on a donné le nom de macrothérium.
Des sarigues du genre pérathérium existaient encore au
commencement de cette période géologique; une grande
salamandre analogue au mégatriton qui s'est maintenu
au Japon et au Tibet habitait en outre la Suisse pendant
le milieu du miocène (fig. 119).

Quant aux eaux marines, elles possédaient des phoques,
des sirénides du genre halithérium et des cétacés de la
division des baleines, ainsi que de celle des cétodontes ou
cétacés pourvus de dents. Les oiseaux devinrent nombreux
et peu différents de ceux d'à présent, et il en fut de même
des poissons. Une de leurs espèces les plus remarquables

* Mâchoire inférieure de singe trouvée à Sansans (Gers).

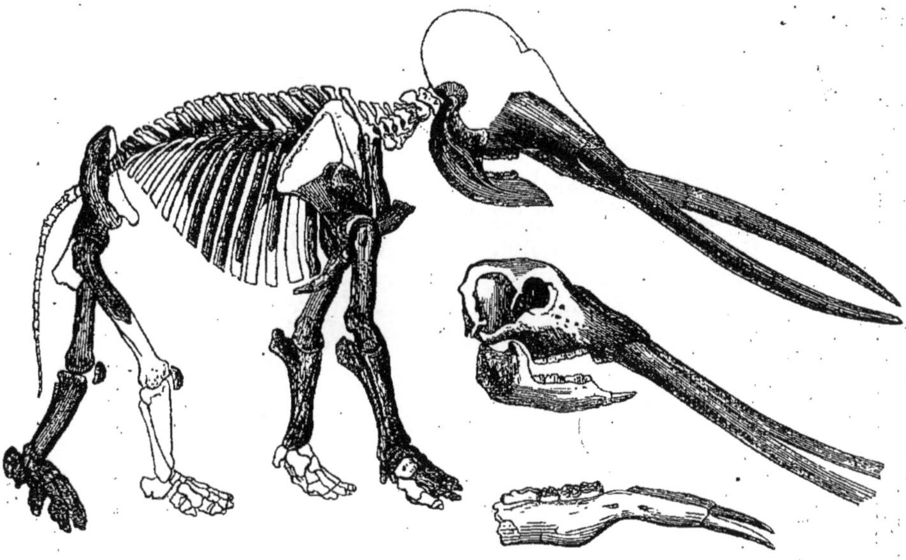

FIG. 117. — Mastodontes divers.

était un grand requin au moins double en dimensions des requins actuels ; on lui a donné à cause de la grandeur de ses dents le nom de *Carcharodon megalodon*. D'autros

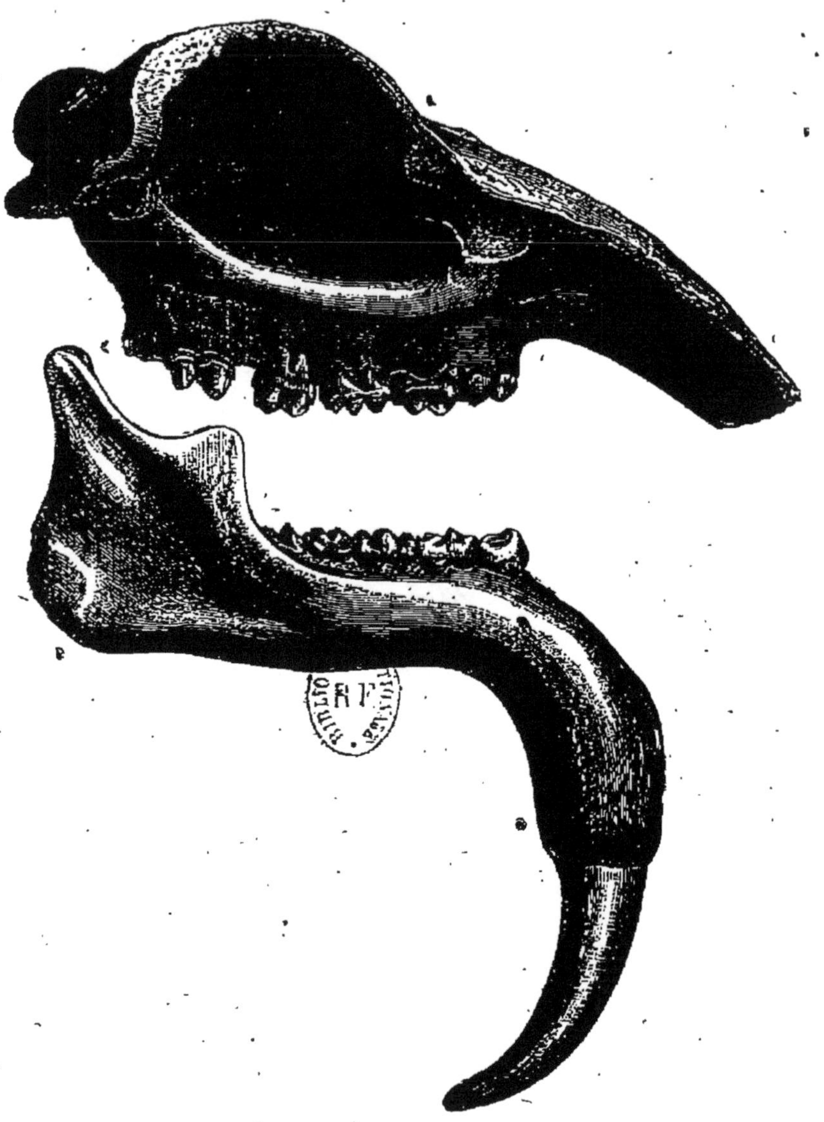

FIG. 118. — Dinotherium giganteum d'Eppelsheim (Hesse-Darmstadt).

poissons du même ordre diffèrent si peu des espèces d'à présent, qu'on pourrait les croire identiques avec elles.

Des progrès analogues se manifestèrent aussi parmi les animaux sans vertèbres, ainsi que parmi les végétaux, et

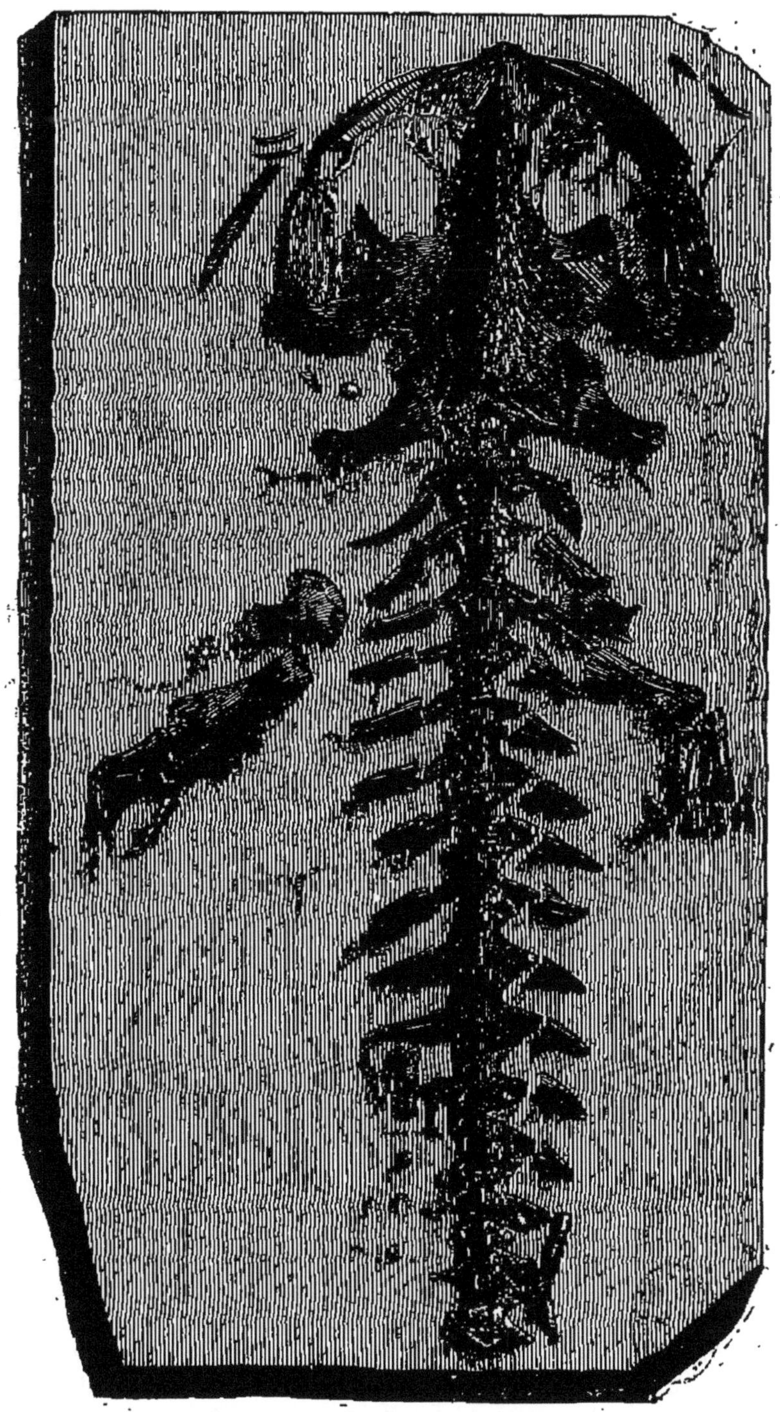

FIG. 119. — *Andrias Scheuchzeri* *.
portion d'une grande salamandre trouvée à Œningen (Suisse).

pour ne parler ici que des mollusques dont l'étude a été
faite d'après les coquilles qu'ils ont laissées dans le sol,
on constate qu'il y a déjà parmi eux près de 20 0/0 d'espèces encore aujourd'hui existantes, tandis qu'il n'y en
avait que 3 1/2 0/0 lorsque se sont formés les terrains éocènes de Paris et ceux de Londres, c'est-à-dire le calcaire
grossier et le London-clay.

Aux terrains miocènes inférieurs, quelquefois appelés
tongriens, appartiennent les grès de Fontainebleau, les
sables à coquilles marines d'Étrichy, près d'Étampes, certains calcaires lacustres, les calcaires à indusies de Saint-

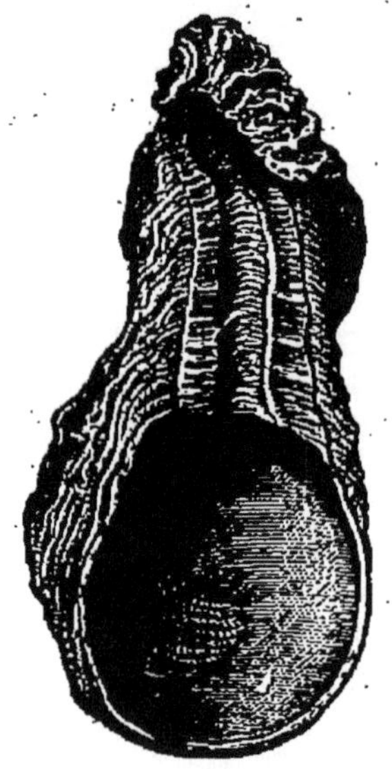

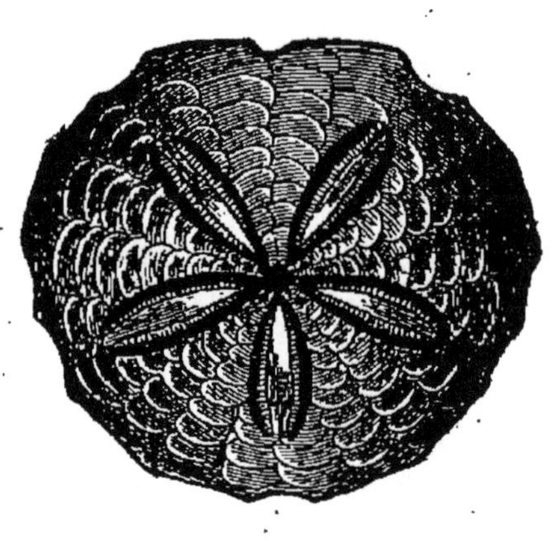

FIG. 120. — Ostrea longirostris.　　　FIG. 121. — Scutella subrotunda.

Gérand-le-Puy (Allier), ainsi que les pierres meulières, si
utiles pour certains genres de construction.

Ceux de l'étage moyen, qui, d'ailleurs, leur font immédiatement suite, comprennent les marnes à huîtres de Paris, les marnes bleues et les molasses coquillières de l'ouest
et du midi, toutes trois d'origine marine, ainsi que les dépôts lacustres à mammifères de Sansans (Gers), et quelques
couches analogues. Simorre, dans le même département,
appartient à un horizon un peu supérieur. On y observe
des ossements de dinothériums et de mastodontes dont le
phosphate de fer a parfois transformé les dents et les os en
une sorte de turquoise. Le miocène supérieur comprend les
faluns de la Touraine et une partie de ceux de la Gironde.

Les coquilles y sont le plus souvent brisées et les ossements roulés, ce qui indique qu'ils ont été longtemps remués par les eaux.

L'Inde a possédé une faune miocène riche en espèces de la classe des mammifères, dont on retrouve d'abondants débris dans les dépôts sous-himalayens.

L'Amérique septentrionale fournit aussi des fossiles de la même époque, les uns mammifères et dont les espèces ont été terrestres, les autres marins, et parmi lesquels on retrouve le *Carcharodon megalodon*.

Pliocène. — Les assises supérieures du miocène conduisent directement au pliocène, et les dépôts qui le forment sont le plus souvent difficiles à en distinguer. C'est ainsi que les sables marins de Montpellier et les argiles qui en dépendent peuvent être aussi bien regardés comme miocènes supérieurs que comme réellement pliocènes ; de même on reste parfois indécis, lorsqu'il s'agit de certains autres terrains pliocènes, si l'on doit les séparer nettement de ceux qui constituent le pléistocène ou terrain diluvien ; nouvelle preuve qu'alors, comme dans les époques plus anciennes, les formations n'ont pas été séparées les unes des autres par des intervalles brusques, et que les âges du globe ne sont pas marqués, comme l'ont cru certains auteurs, par autant des révolutions subites dont il aurait été successivement le témoin. On attribue généralement au pliocène non-seulement les dépôts tertiaires supérieurs de Montpellier dont nous venons de parler et ceux du Piémont, qui leur correspondent, mais aussi une partie de ceux d'Anvers, où les ossements des grands cétacés abondent, ainsi que le crag de Suffolk, en Angleterre. Dans le midi, certaines espèces de coquilles caractérisent surtout ces terrains ; on rencontre avec elles les restes de différentes sortes de mammifères, telles que des mastodontes à courte symphyse mandibulaire, le rhinocéros mégarhine, une grande espèce d'antilope, l'hyénarctos, de la famille des ours, et d'autres espèces encore.

Pléistocène. — L'époque pléistocène, aussi appelée *quaternaire*, parce qu'on a cru d'abord qu'elle différait plus des autres époques tertiaires que celles-ci ne diffèrent entre elles, a vu apparaître les animaux de la faune actuellement existante ; mais elle est surtout caractérisée en Europe, dans le nord de l'Asie, dans les deux Amériques, en Australie et ailleurs, par de grandes espèces, alors abondantes, qui ont disparu depuis, ce qui a singulièrement réduit le nombre des êtres vivants, surtout pour la classe des mammifères.

En Europe, elle comprenait des éléphants, plus particulièrement le mammouth (*Elephas primigenius*, fig. 122), des rhinocéros (*Rhinoceros tichorhinus* (fig. 123 et 124) et *Rhinoceros Merkii*), des hippopotames (*Hippopotamus major*), le grand cerf d'Irlande (fig. 125) (*Cervus megaceros*), des hyènes (*Hyænæa spela*, fig. 126), des panthères

Fig. 122. — Elephas primigenius.

(*Felis pardus*, appelé *Felis antiqua*), une grande variété du lion nommée *Felis spelæa*, un grand ours (fig. 127) (*Ursus spelæus*), etc., animaux en partie différents de leurs congénères asiatiques ou africains, en partie identiques avec eux, et dont les ossements se retrouvent dans le diluvium, dans les alluvions anciennes et surtout dans les cavernes: Ils y sont mêlés à ceux d'espèces qui n'ont disparu qu'après eux et se sont retirées de nos contrées,

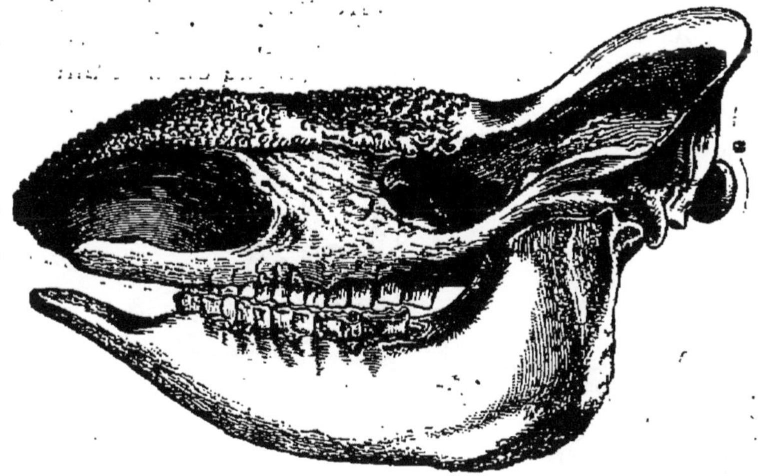

Fig. 123. — Rhinocéroe tichorhinus *.

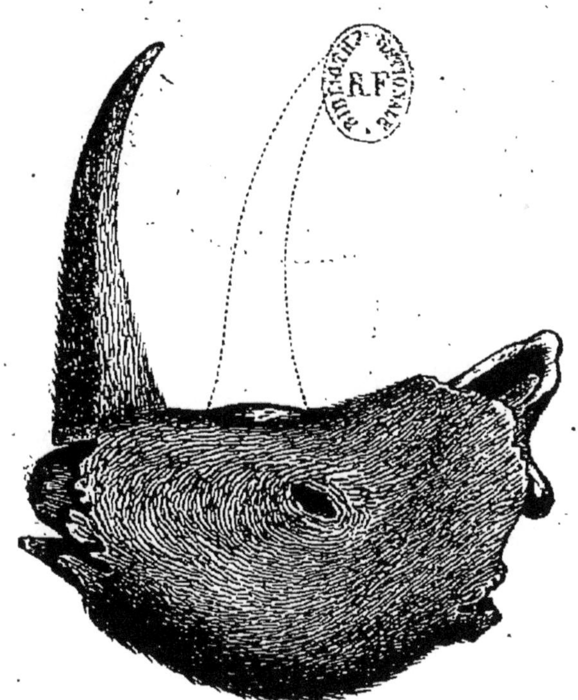

Fig. 124, — Rhinocéros tichorhinus †.

* Crâne avec sa peau et une de ses cornes, retiré des glaces de la Sibérie.
† Le crâne.

comme les chevaux sauvages, les grands bœufs, ou qui se voient encore, comme le blaireau, le loup, le renard, le castor, le bouquetin, le chamois et divers autres. Qu'on suppose les grands animaux de l'Afrique ou de l'Inde s'é-

FIG. 125. — Cervus megaceros, d'Irlande.

teignant comme l'ont fait nos espèces européennes de grande dimension, et l'on aura une idée des pertes qu'a subies, sous l'influence des changements de climats aussi bien que par l'action destructive de l'homme, la faune eu-

ropéenne telle qu'elle existait pendant l'époque pléistocène.

En Amérique, ce furent surtout de grands édentés, tels
que le mégathérium (fig. 129), le mylodon, le mégalonyx,

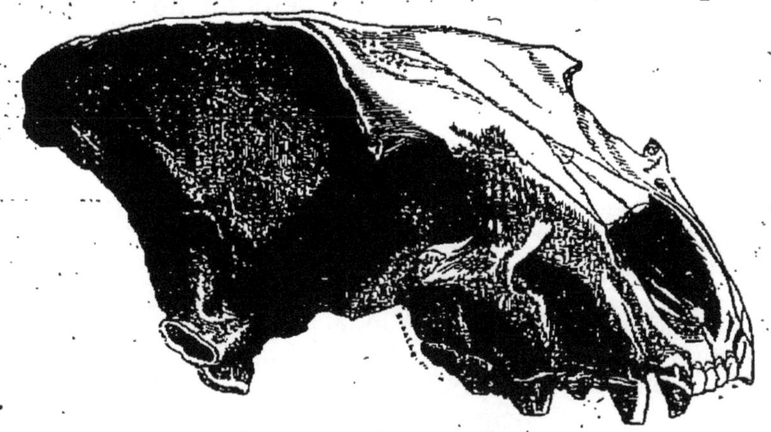

FIG. 126. — Hyæna spelæa.

le scélidothérium et les tatous gigantesques, dont on a
constitué des genres à part sous les noms de glyptodons
(fig. 128) et de chlamydothériums. En même temps qu'eux
vivaient un grand ours appelé *Ursus bonariensis* et un

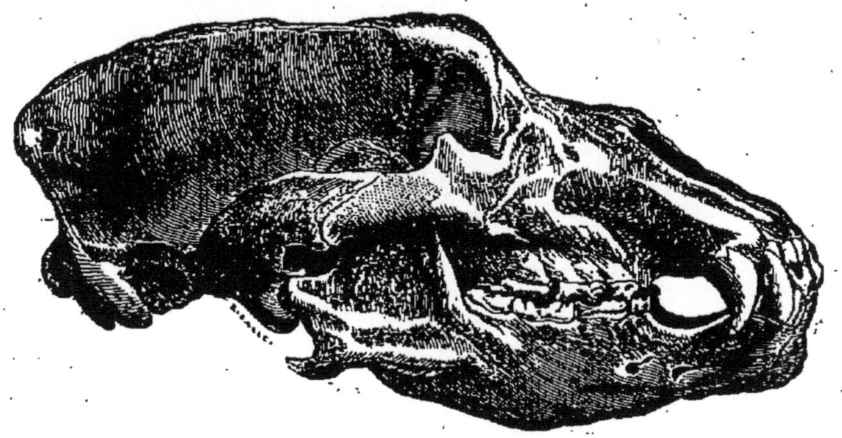

FIG. 127. — Ursus spelæus.

grand félin à canines cultriformes, le *Machairodus neo-
gæus*. La même population comprenait aussi des herbi-
vores très-singuliers et de taille gigantesque, tels que le
toxodon, des chevaux différents de ceux de l'Europe, des
lamas de la grandeur du chameau, et le macrauchénia, qui

égalait en dimensions les plus grands rhinocéros, mais avait des formes plus élancées que les leurs et tenait à certains égards des anoplothériums.

La faune diluvienne de l'Australie était composée de marsupiaux comme l'est encore celle de nos jours; mais plusieurs de ces marsupiaux, tout en rentrant dans les genres existants, avaient des dimensions bien supérieures à celles des animaux actuels de cette sous-classe. Certains kangurous, ainsi que des phascolomes, étaient, en partie,

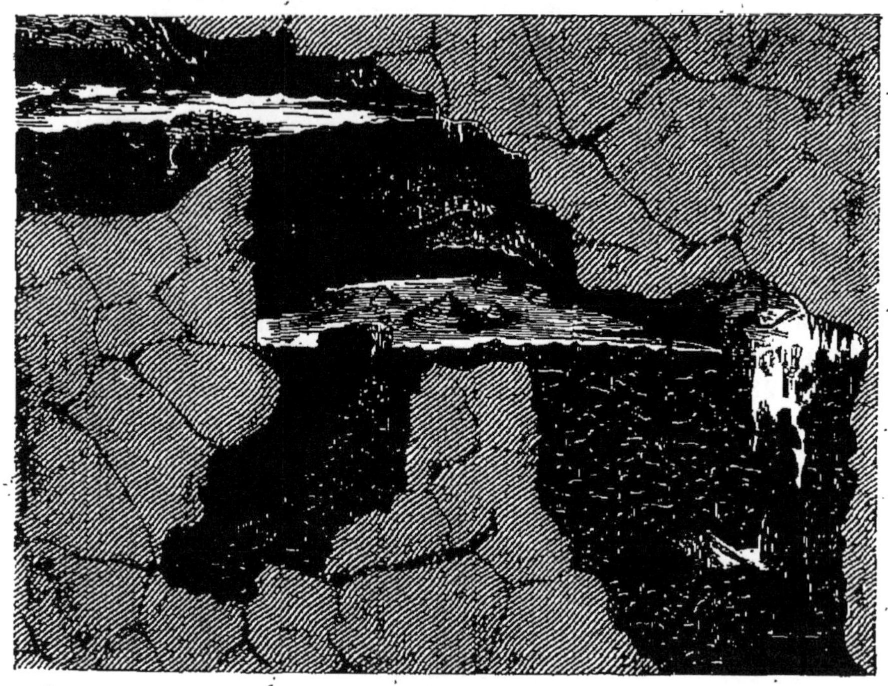

FIG. 128. — Grotte de Gaylenreuth (Wurtemberg).

dans ce cas. Il y avait en outre des genres différents de ceux qui ont survécu, et leurs espèces atteignaient des dimensions gigantesques. Tels étaient les notothériums et les diprotodons, dont la taille a égalé celle des plus grands rhinocéros, et qui paraissent d'ailleurs en avoir eu les proportions massives, ainsi que le thylacoléo, qui dépassait le lion sous le même rapport. On l'avait d'abord pris pour un carnassier comparable au thylacyne et au sarcophile, mais plus grand qu'eux; il paraît que c'était, au contraire, un animal frugivore à la manière des phalangers.

En Australie et en Amérique, de même qu'en Europe, les

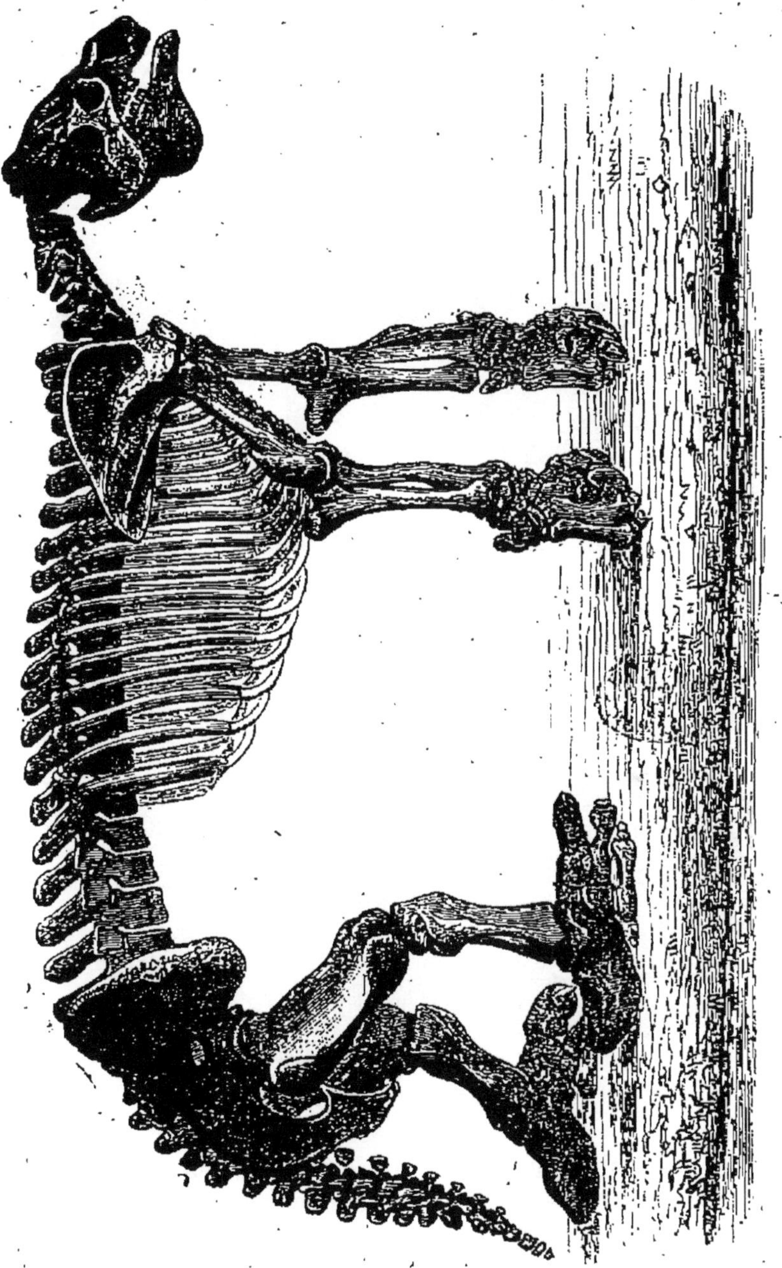

Fig. 120. — Mégathérium Cuvier!.

restes des animaux de la période quaternaire ont été fré-

* Squelette, appartenant au Muséum de Paris, découvert dans la République argentine.

quemment enfouis dans les grandes cavités souterraines auxquelles on donne le nom de *cavernes*. Ils y ont été portés
par les eaux après avoir, le plus souvent, séjourné pendant
un certain temps à la surface du sol extérieur ou dans les

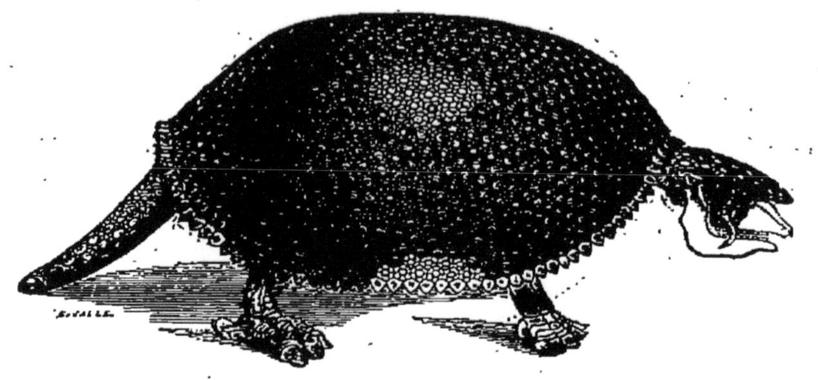

FIG. 130. — Glyptodon clavipes.

caux elles-mêmes qui traversaient ces cavernes, et s'y être
dépouillés de leurs parties molles. Dans d'autres cas, ces
animaux ont habité les cavernes où sont restés leurs ossements, et l'on retrouve avec leurs squelettes jusqu'à leur

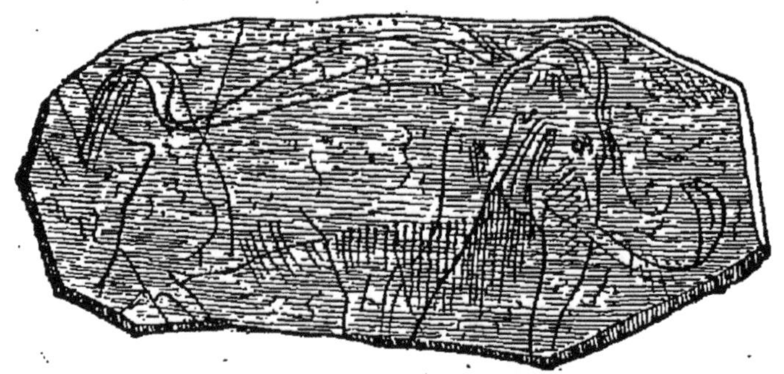

FIG. 131. — Elephas primigenius *.

fèces. C'est ainsi que beaucoup de cavernes renferment
une litière, parfois assez épaisse, presque exclusivement
formée de coprolites phosphatés, qui ne sont autre chose
que des excréments d'hyènes. Une de ces cavités souterraines propres à l'Europe, qu'on a le plus anciennement

* Esquisse exécutée sur un fragment de défense qui a été trouvée dans les
fouilles entreprises près des Eyzies (Dordogne), dans la grotte de la Madeleine,
au milieu des débris laissés par les peuples qui utilisaient le renne.

explorée au point de vue scientifique, est celle de Gaylenreuth, en Westphalie. La France en possède un grand
nombre. C'est également à l'époque diluvienne qu'a eu lieu
le dépôt de certaines brèches osseuses.

Les eaux qui, pendant les périodes précédentes, étaient

FIG. 132. — Hache en silex taillé *.

plus particulièrement réparties sous la forme de lacs à la
surface des continents, ont pris, d'une manière presque
générale, le caractère de rivières et de fleuves pendant la
période quaternaire, et elles ont formé des courants plus

* Forme dite d'Abbeville et de Saint-Acheul.

forts et habituellement plus violents que ceux d'aujourd'hui. Ces courants ont roulé avec eux des masses pierreuses, des sables et des limons du dépôt desquels sont résultés, par endroits, de nouveaux terrains. Ces terrains de transport comprennent aussi une partie des matériaux solides que les glaciers ont déplacés en accomplissant leur propre marche, et les boues dont ils étaient chargés. A cette époque, les vapeurs abandonnées par l'atmosphère donnaient

FIG. 133. — Renne

aux cours d'eau un débit supérieur à celui qu'ils ont atteint depuis lors, et dans certains cas la fonte rapide des neiges a concouru de son côté au même résultat : aussi l'ancien lit de la plupart des rivières ou des fleuves était-il supérieur en dimensions à ce qu'il est devenu depuis lors.

Ailleurs se sont déposés, dans les parties basses, des amas de tourbe comme il s'en dépose encore de nos jours ; la terre végétale ainsi que le terreau sont devenus plus abondants, et, par la manière dont avaient lieu les phénomènes qui s'accomplissaient à sa surface, le globe acquérait l'apparence qu'il a conservée depuis. L'homme commençait à en exploiter les richesses en mettant en pratique les premières données de l'agriculture et de l'industrie; mais les ressources qu'il avait su se créer étaient encore bien restreintes, si on les compare à celles que son intelligence et son activité lui ont fournies ensuite.

Holocène. — Nous arrivons enfin à la période actuelle ou récente, dite à son tour holocène parce qu'elle est postérieure à toutes les autres et qu'elle se continue encore. Ses premiers temps répondent à un refroidissement sensible de la température et à une extension des glaciers qui n'ont pas moins contribué que la présence de l'homme et son influence chaque jour croissante à la disparition des grandes espèces que nous énumérions tout à l'heure.

Alors existaient dans l'Europe centrale des rennes, de grands bœufs, des chevaux sauvages, et l'homme commençait la domestication de ces animaux en même temps qu'il leur faisait la chasse. Il appartenait à la race des Touraniens dont les anciens Scythes faisaient partie. Le fait de la présence du renne dans nos régions tempérées est d'autant plus remarquable que cet animal a été pendant l'époque dont nous parlons utilisé par l'homme comme il l'est encore sous les latitudes boréales. Mais les grandes espèces étaient déjà en voie d'extinction.

Cependant on trouve encore quelques-uns de leurs débris mêlés à ceux de l'homme lui-même, ainsi qu'à ceux du renne qu'il employait jusque sur notre propre territoire, et par endroits, dans le Périgord, par exemple, on a rencontré des dessins fort exacts et gravés sur pierre, ainsi que de petites sculptures faites sur ivoire ou sur des bois de renne, qui nous donnent la représentation de ces animaux. Parmi eux se voient l'éléphant (fig. 131), le renne et le Saïga, sorte d'antilope aujourd'hui refoulée dans l'est de l'Europe et en Tartarie. Les principaux instruments d'alors étaient en pierre taillée et particulièrement exécutés en silex pyromaque.

Ensuite est venue une autre race, d'origine asiatique; c'est celle des Arias, de laquelle sont issus les Européens actuels.

La matière première de leurs principaux instruments a aussi été la pierre; mais ils savaient la polir. Ils ont ensuite employé le bronze et plus tard le fer. C'est cette race qui a amené dans nos contrées les animaux domestiques, et c'est elle aussi qui, par les progrès de sa civi-

lisation, a dominé la plupart des autres peuples et s'est
peu à peu substituée à certain d'entre eux sur un grand
nombre de points, particulièrement dans l'Afrique aus-
trale, dans l'Amérique septentrionale, dans l'Amérique
méridionale, en Australie et dans une partie de la Polynésie.

FIG. 134. — Dinornis ingens *.

De grands changements se sont déjà accomplis sous son
influence, et chaque jour il s'en accomplit de plus considérables. De nouvelles espèces animales disparaissent devant la civilisation, tandis que d'autres, multipliées par
ses soins, sont aujourd'hui répandues sur un grand nom-

* Placé à côté d'un bœuf pour en indiquer les dimensions.

bre de points du globe où elles manquaient autrefois, comme c'est le cas pour le chien, le cheval, le porc, le bœuf, le mouton et la chèvre.

Les animaux que l'homme ne trouve pas le moyen de dompter immédiatement sont détruits par lui sans pitié; il multiplie au contraire à l'excès ceux qu'il s'est asservis,

FIG. 135. — Le grand pingouin.

lorsque leur pelage peut servir à le vêtir ou leur chair à le nourrir. Que d'espèces ont déjà disparu devant lui; que d'autres disparaîtront encore, ou seront à leur tour refoulées!

Aux îles Mascaraignes (la Réunion, Maurice et Rodrigue), l'homme civilisé a anéanti plusieurs sortes d'oiseaux, particulièrement le dronte et le solitaire, qui étaient d'assez grande taille, et qu'avec le temps, il aurait peut-être réussi à domestiquer.

Ce besoin aveugle de destruction se retrouve d'ailleurs chez toutes les races, et peu de siècles avant l'arrivée des Européens à la Nouvelle-Zélande les naturels établis dans cet archipel avaient exterminé les Dinornis (fig. 134), gigantesques oiseaux, appartenant au même ordre que les Casoars et les Autruches, dont ce point du globe nourrissait plusieurs espèces.

De même aussi l'homme avait antérieurement éloigné des côtes de la Scandinavie, sur lesquelles il était commun, le grand Pingouin (*Alca impennis*) (fig. 135), et il l'a, depuis lors, entièrement détruit.

Le grand Sirénide, propre au nord du Pacifique, appelé Rytine de Steller (*Rytina Stelleri*), du nom du naturaliste qui l'a observé vivant, il y a une centaine d'années, a complétement disparu.

Chaque jour l'homme modifie la faune et la flore des pays dans lesquels il s'est établi, et son action s'accroît avec sa propre civilisation. En la développant, il arrive à substituer de plus en plus son intervention à celle des conditions naturelles; il modifie la répartition géographique des êtres vivants et change, dans certaines limites, les caractères de leur structure; il trouve en outre le moyen d'extraire les produits minéraux qui semblaient à tout jamais soustraits à ses procédés d'exploitation, et il arrive à maîtriser les forces physiques de manière à pouvoir les employer à son propre usage.

FIN.

TABLE DES MATIÈRES.

Paris. — Typ. Tolmer et Isidor Joseph, 13, rue du Four-St-Germ.